ANDRÉ TROCMÉ

Engel singen nicht für Geld

André Trocmé

Engel singen nicht für Geld

und andere
Geschichten zu
Weihnachten

Aus dem Französischen übersetzt und eingeleitet von Hanna Schott

Illustriert von Anja Güthoff

NEUFELD VERLAG

Die Zitate auf S. S. 63, 77f. und 96f. sind einer Quellensammlung entnommen, die Pierre Boismorand zusammengestellt hat: *Magda et André Trocmé. Figures de résistances, textes choisis et présentés par Pierre Boismorand,* Les éditions du cerf, Paris 2007. Deutsche Textfassung: Hanna Schott

Die Deutsche Bibliothek verzeichnet diese Publikation in der Deutschen Nationalbibliografie; detaillierte bibliografische Daten sind im Internet über www.ddb.de abrufbar

Umschlaggestaltung: spoon design, Olaf Johannson
Umschlagbilder und Illustrationen: Anja Güthoff, Augsburg
Satz: Neufeld Verlag
Herstellung: Bercker Graphischer Betrieb GmbH & Co. KG, Kevelaer

ISBN 978-3-86256-002-8, Bestell-Nummer 588764

www.neufeld-verlag.de

NEUFELD VERLAG

Inhalt

Geschichten vom »richtigen« Weihnachtsfest

Geschichten vom »richtigen« Weihnachtsfest

Von Januar bis November gilt: Neu ist immer besser. Das neue Jahr verspricht neue, gute Erfahrungen. Das neue Auto fährt besser als das alte. Der neue Computer ist schneller als der alte. Und am neuen Urlaubsort kann man ganz neue Dinge unternehmen.

Nur im Dezember, wenn es auf Weihnachten zugeht, wollen wir nichts Neues hören, einführen oder ausprobieren. Wir singen die alten Lieder, hören die alten Geschichten, pflegen die alten Bräuche, und das beste Weihnachtsgebäck ist ohne Zweifel das nach einem ganz alten Rezept hergestellte.

Warum ist das so? Warum sind wir das ganze Jahr fortschrittsfreudig, und doch verwandeln sich die meisten von uns an Weihnachten in unverbesserliche Romantiker und Nostalgiker?

Weihnachten ist ein Gefühl, ein Duft, eine Stimmung. Wer das nicht glaubt, der verbringe das Weihnachtsfest einmal in der afrikanischen Steppe oder am australischen Strand: Er wird es »kein bisschen weihnachtlich« finden, selbst wenn er einen Gottesdienst besucht und Geschenke macht und bekommt. Auch den, der überzeugt ist, dass die Geburt Christi für ihn das Zentrum des Festes ist, und der weiß, dass der Stall von Bethlehem sicher nicht verschneit und lauschig war, stören Hitze und Strandpartys.

Was also ist das »richtige« Weihnachten? Dieses Buch gibt eine Antwort, genauer: Jede dieser Geschichten möchte auf ihre Art eine Antwort auf diese Frage geben. André Trocmé, der sie erzählt und später aufgeschrieben hat, stellte sich diese Frage nämlich jedes Jahr neu: Wie sollen wir *hier* Weihnachten feiern? Sein *Hier* war ganz anders als das unsere, aber seine Antworten sind heute noch gültig.

André Pascal Trocmé (1901–1971) wurde im Nordosten Frankreichs geboren. Sein Vater Paul, ein Industrieller, war ein streng reformierter Christ. Andrés Mutter Paula war Deutsche, aber Spross einer hugenottischen Familie. Als der Junge zehn Jahre alt war, starb sie vor den Augen ihres Sohnes bei einem Autounfall.

Als André sechzehn war, zogen deutsche Truppen in seine Heimat ein und zerstörten die Fabrik des Vaters. Dieses Erlebnis und das Wissen, dass auch seine Cousins deutsche Soldaten waren, ließen den Jugendlichen zu einem überzeugten Pazifisten werden.

André Trocmé studierte Theologie in Paris und New York. Dort erhielt er eine Stelle als Französischlehrer bei John D. Rockefeller jun. (1839–1937), einem der reichsten Männer der Welt. In New York lernte er auch die Studentin Magda Grilli di Cortona (1901–1996) kennen, die ein Jahr später seine Frau wurde. Sie war als Tochter eines italienischen Obersts in Florenz aufgewachsen, entstammte jedoch mütterlicherseits einem russischen Adelsgeschlecht – die streng reformierte Welt ihres Mannes lernte sie erst kennen, als die beiden nach Frankreich zogen. Dass ihre Ehe vermutlich keine »ganz normale Ehe« werden würde, hatte sie schon in New York geahnt. »Ich werde ein protestantischer Pfarrer sein, und ich möchte ein Leben in Armut führen. Ich bin Kriegsdienstverweigerer aus Gewissensgründen, und das kann Gefängnis und viele andere Schwierigkeiten mit sich bringen«, hatte André ihr klipp und klar gesagt.

Nach zwei Pfarrstellen in Industriestädten nahe der belgischen Grenze – hier wurden die vier Kinder der Trocmés geboren – wurde André 1934 Pastor der reformierten Gemeinde in Le Chambon-sur-Lignon, einem Dorf und kleinen Kurort in der südlichen Auvergne. Und hier, in den zwölf Ortschaften der Hochebene, wurde aus einer entlegenen Gegend des Zentralmassivs nicht allein, aber vor allem durch das Wirken von Magda und André Trocmé eine Oase der Menschlichkeit. Wer immer in dem von den Nazis besetzten nördlichen Teil

Frankreichs oder in dem von Pétain regierten Süden auf der Flucht war, konnte auf Hilfe zählen: Die etwa 9000 Einwohner versteckten die Verfolgten in ihren eigenen Häusern, manchmal jahrelang, verhalfen im Lauf der Zeit fast 5000 Menschen zu Papieren oder schleusten sie über die Schweizer Grenze in Sicherheit.

Die Trocmés als Zentrum des Widerstandsdorfes kooperierten mit Hilfsorganisationen, um Kinder und Jugendliche aus den Internierungslagern Rivesaltes und Gurs bei Perpignan – der letzten Station auf dem Weg nach Auschwitz und in andere Vernichtungslager – herauszuholen. In Le Chambon-sur-Lignon hatte es seit jeher Kinder-Erholungsheime gegeben; jetzt fanden jüdische Kinder und Jugendliche hier Zuflucht vor dem Abtransport in den sicheren Tod. Wer besonders gefährdet war, wurde, wenn eine Razzia drohte, auf Höfen der Umgebung versteckt oder verschwand mit gefälschten Papieren.

Und an dieser Stelle kommt Weihnachten ins Spiel: Sowohl Magda als auch André waren sprachbegabt und liebten das Erzählen und Schreiben. Gerade an Weihnachten ließ André es sich deshalb nicht nehmen, über die biblische Weihnachtsgeschichte hinaus eine eigene Geschichte zu erzählen, meist zunächst für die in der Kirche versammelten Kinder, dann aber auch für alle im Dorf. Denn die Geschichte von Maria und Josef, zwei Menschen ohne Dach über dem Kopf und mit einem zu einem denkbar ungünstigen Zeitpunkt geborenen Kind, rückte dem, was in Le Chambon geschah, immer näher. Wer war bereit, solche Menschen aufzunehmen? Wer sah im Hungernden und Dürstenden nicht nur den Nächsten, sondern vielleicht sogar Christus selbst? Wer erkannte, dass das Christentum im Judentum wurzelt, dass also die Juden »die älteren Brüder und Schwestern« der Christen sind?

André Trocmés Geschichten sind »richtige« Weihnachtsgeschichten: Geschichten, die anrühren und durchaus eine »klassische« weihnachtliche Stimmung erzeugen. Aber sie sind bei aller heimeligen Atmosphäre gleichzeitig äußerst ungemütlich, denn sie wurden mit einem klaren Ziel erzählt: Sie sollten den Bewohnern von Le Chambon zeigen, wo die Spuren des »Christkindes« in ihrer Gegenwart zu entdecken waren. Und diese Fähigkeit haben sie sich bis heute und auch für uns erhalten.

Nach dem Ende des Zweiten Weltkriegs war Le Chambon-sur-Lignon der erste Ort in Frankreich, der deutsche Studenten zu deutsch-französischen Begegnungen einlud. Bis 1960 engagierte André Trocmé sich als Sekretär des *Internationalen Versöhnungsbundes* und war außerdem Mitinitiator des ökumenischen Freiwilligendienstes *Eirene*. Seine pazifistische Haltung machte es ihm schwer, eine französische Gemeinde zu finden, und so wurde er 1960 Pastor einer reformierten Gemeinde in Genf. Die neue Zeit und das Leben in der gutsituierten Schweizer Gesellschaft stellten ganz neue Anforderungen, aber auch hier fragte André Trocmé: Was bedeutet

Weihnachten gerade jetzt? Seine Antwort gab er mit der Geschichte »Herodes XXI.«.

Die Trocmés reisten um die Welt und knüpften überall Kontakte zu Menschen, die wie sie kompromisslos dem Frieden dienen wollten. Auch nach Andrés Tod 1971 ging Magda weiter auf Reisen und begegnete unter anderem Martin Luther King und Indira Gandhi. In den USA erhielt sie die Ehrendoktorwürde – zusammen mit Rosa Parks, der Frau, die am Beginn der Bürgerrechtsbewegung stand, weil sie sich weigerte, ihren Platz im Bus für einen weißen Fahrgast zu räumen. Heute werden sie und André zusammen mit der ganzen Region um Le Chambon-sur-Lignon als »Gerechte unter den Völkern« in Yad Vashem geehrt.

Es kann nämlich viel verändern, wenn man Weihnachten »richtig« feiert.

Hanna Schott

Mein Dank gilt Nelly Hewett, der Tochter von Magda und André Trocmé. Sie lebt heute in der Nähe von Minneapolis/USA, hat die noch unveröffentlichten oder längst vergriffenen Geschichten ihres Vaters ans Licht geholt, ins »alte Europa« geschickt und meine Auswahl und Übersetzung mit vielen ermutigenden Mails aus der Ferne und doch ganz nah begleitet.

Wer mehr wissen will:

1961 erschien André Trocmés Buch *Jésus Christ et la révolution nonviolente* (Labor et Fides, Genf). Die englische Fassung *Jesus and the Nonviolent Revolution* ist kostenlos als E-Book erhältlich unter www.plough.com/ebooks/nonviolentrevolution.html. Die klassische und einflussreiche Studie des Theologen John Howard Yoder (1927–1997) *The Politics of Jesus* (Eerdmans, Grand Rapids 1972), deutsch: *Die Politik Jesu – der Weg des Kreuzes* (Agape, Maxdorf 1981), übernimmt wesentliche Thesen zur politischen Wirksamkeit des gewaltfreien Handelns Jesu von Trocmé. Über Yoders Theologie der Nachfolge als Gestalt politischer Verantwortung hat Trocmé bis heute prägenden Einfluss auf Generationen vor allem amerikanischer Theologen.

Der Großteil der Dokumente, Briefe und Manuskripte von André und Magda Trocmé befindet sich in der *Peace Collection* der *Swarthmore College Library,* Pennsylvania/USA, sowie als Duplikat im Archiv des Weltkirchenrates in Genf (*Archives de Monsieur André Trocmé et de Madame Magda Trocmé*).

2011 erscheint im Neufeld Verlag eine Doppel-Biografie des Ehepaars Trocmé, verfasst von Hanna Schott.

Engel singen nicht für Geld

Zur »Kulisse« der folgenden Geschichte

Wer ist ein Fremder und wer gehört dazu? Und ist es nicht ganz normal, dass man in einem Dorf den Fremden anders behandelt als den, der schon immer hier wohnte?

Le Chambon-sur-Lignon war in den dreißiger Jahren sicher nicht so klein wie Bethlehem um das Jahr Null. Aber es war doch ein Ort, wo man sich kannte und genau zwischen »uns« und »denen« unterschied. Magda und André Trocmé waren selbst erst 1934 nach Le Chambon gekommen, und es war keinesfalls ein Ort, den sie sich selbst ausgesucht hätten. Als Pazifist, der aus seiner religiösen und politischen Auffassung kein Geheimnis machte, war André trotz seiner hervorragenden Ausbildung in keine der großen und angesehenen reformierten Gemeinden Frankreichs vermittelbar. Er wurde also gezwungenermaßen Dorfpfarrer – ein Glücksfall, wie wir heute wissen. Wie hätte das Ehepaar Trocmé wohl mitten in Paris oder Toulouse hunderte, sogar tausende von Menschen versteckt? Es wäre ohne das Hinterland, das Hochplateau des Zentralmassivs »am Ende der Welt«, gar nicht möglich gewesen.

Aber die Bewohner von Le Chambon waren Dörfler und keinesfalls spontan begeistert von der Idee, »Wildfremde« aufzunehmen. Nicht, dass sie etwas gegen Touristen gehabt hätten. Der Ort am Flüsschen Lignon war schon seit Jahren ein Kurort mit einer Reihe von Pensionen, einigen Hotels und sogar einer Schule für Kinder, die auf dem Land gesund werden sollten. Aber die Flüchtlinge, die seit 1940 hier Unterschlupf suchten, hatten nichts von Kurgästen. Kaum einer von ihnen brachte Geld mit, dafür machten sie viele Scherereien. Da war es für die Ortsansässigen doch nur vernünftig, zu sehen, wie sie selbst über die Runden kamen, ohne sich durch die Versorgung der Fremden über Gebühr zu belasten.

In der Erzählung »Engel singen nicht für Geld« karikiert Trocmé die Dörfler als pfiffige, aber auch hartherzige und vor allem geizige Zeitgenossen. Doch sie sind keine hoffnungslosen Fälle, wie das Ende der Geschichte zeigt. Denn Geiz ist heilbar – jedenfalls, wenn der Himmel selbst eingreift.

Engel singen nicht für Geld

Kaum hatte Josef eine Unterkunft für seine Frau gefunden, als das Kind auch schon zur Welt kam. Nichts hatte er vorbereiten können. Mutter und Kind lagen in Staub und Schmutz auf dem Stallboden. Und prompt stellte sich eine Klatschbase aus der Nachbarschaft ein. Josef war ein bisschen kopflos, wie das junge Väter bisweilen zu sein pflegen. Weil er keine Ahnung hatte, was denn nun zu tun sei, stand er einfach da und betrachtete die trostlose, aber doch wunderbare Szene, als die Klatschbase auch schon zu nörgeln begann:

»Jetzt trollen Sie sich doch endlich, um wenigstens ein bisschen Stroh für Ihre Frau und Ihren Sohn zu besorgen.«

Diese Aufforderung wirkte auf Josef geradezu befreiend. Sie gab seiner unbeholfenen Anwesenheit neben seiner Frau und seinem neugeborenen Sohn einen Sinn. Plötzlich nützlich, ja geradezu unersetzlich geworden, verließ er den Stall und klopfte beim Besitzer des Hofes, um ihn um Stroh zu bitten.

»Stroh!?«, fragte der Bauer. »Ihr seid vielleicht lustig, ihr Galiläer. Alle Leute schlafen auf der Erde, aber ihr wollt Stroh!«

»Es ist nur ...«, stotterte Josef, der begriff, wie unverschämt seine Bitte war, »es ist nur ... weil meine Frau gerade ein Baby bekommen hat!«

»Ein Baby in meinem Stall! Das fehlte ja noch. – Hast du gehört, was da los ist?«, brüllte er in Richtung seiner Frau, die schon schlief. »Ich hab dir doch gesagt, dass man keine Landstreicher aufnehmen soll. Sie kommen, machen sich's gemütlich und verwandeln dein Haus in die Säulenhalle von Bethesda. – Sie kriegen keinen Strohhalm, guter Mann. Außerdem wissen Sie doch genauso gut wie ich, dass es in diesem Jahr überhaupt kein Stroh gegeben hat.«

Die Tür fiel ins Schloss und das Licht erlosch.

Stroh. Ich muss Stroh für Maria finden, sagte Josef vor sich hin, während er stolpernd den steinigen Weg durch Bethlehem lief.

Armer Josef. Er hatte ja keine Ahnung, was ihn von Tür zu Tür noch erwarten würde.

Zum einen ist es schwierig, um Mitternacht in einem Dorf Leute zu wecken, die schon den ganzen Tag von den Bitten und Extra-Wünschen anspruchsvoller Reisender bedrängt wurden. Zum anderen hat man, wenn man gegen die Fensterläden geklopft und durch einen Spalt gesehen hat, dass die Leute da drinnen einen Scheit aufs Feuer geworfen oder eine Lampe angezündet haben und ein mürrisches und ein wenig ängstliches »Wer ist da?«

ertönte, wenn man dann mit Würde, aber auch mit einem gewissen klagenden Ton in der Stimme seine Geschichte hervorgebracht hat (»Ich bin Josef ben Jakob aus Nazareth in Galiläa. Ich bin gestern wegen der Volkszählung hierher gekommen. Meine Frau hat gerade in einem Stall entbunden. Hätten Sie wohl ein Bündel Stroh für mich?«), wenn der Hausherr die Tür dann einen Spaltbreit geöffnet und nachgesehen hat, ob der da draußen nicht allzu sehr nach einem Bettler, einem Betrüger oder einem Räuber aussieht, wenn man also das alles etwa zwanzigmal erlebt hat, dann – hat man noch überhaupt nichts in der Hand.

Denn, ob Sie es glauben oder nicht, in Bethlehem war damals, im Jahr »minus eins« unserer Zeitrechnung, etwas sehr Seltsames passiert: Auf keinem einzigen Feld war in diesem denkwürdigen Jahr auch nur ein einziger Strohballen geschnitten worden. Der Weizen war einfach so gewachsen, direkt auf dem Acker, ohne einen einzigen Halm. Unglaublich, aber wahr. Darüber hinaus hatte es ein ähnliches Phänomen auch bei allen anderen Ernten gegeben. Wir sprachen gerade vom Weizen, aber schon das war nicht korrekt, denn wegen der Trockenheit war ja überhaupt kein Weizen gewachsen. Josef solle nur mal in die Häuser gehen und sie vom Keller bis zum Dachboden durchsuchen, dabei ruhig die Deckel aller Kisten und Kästen öffnen: Nicht die Spur eines Weizenkorns werde er finden.

Und Milch?

Aber Monsieur! Wo denken Sie hin? Aus dem verwöhnten Galiläa, das sehe man wohl. Hier in Judäa und besonders in der Gegend von Bethlehem hatten alle Kühe Fehlgeburten.

Alle?

Ja, alle. Eine schreckliche Epidemie. Auf jeden Fall habe man alle, die keine Fehlgeburten hatten, verkaufen müssen, denn in diesem Jahr, wie gesagt, gab es ja weder Heu noch Stroh, um sie zu füttern.

Sie hätten gern ein Ei, um Ihrer Frau wenigstens irgendetwas geben zu können? Oh là, là, da fragen Sie den Falschen.

Hatten die Hühner auch eine Krankheit?

Genau, Monsieur. Der Kamm des Hahns verlor seine Farbe, das Gefieder der Hühner wurde glanzlos... Wir haben rein gar nichts, was wir Ihnen geben könnten. Nicht ein Ei, nicht mal für unsere eigenen Kinder.

Auch nicht ein Kännchen Öl?

Heißt das, Sie haben noch nichts von der Katastrophe gehört, die unsere Olivenbäume getroffen hat? Eine Überschwemmung, wie es zuvor noch nie eine gegeben hatte, hat alle Bäume entwurzelt.

Ein kleines Stück Fleisch? Ein Hammelkotelett?

Ach, auch hier gab es nichts als Unglück: In ganz Judäa haben die Schafe überhaupt keine Koteletts mehr. Dermaßen mager sind sie, so hinfällig, diese armen Tiere, dass ich Ihnen lieber ihren Anblick ersparen möchte. Sie meinen, auf den Weiden aber welche gesehen zu haben, die ganz proper aussahen? Ein Irrtum, Monsieur, ein Irrtum! Sie sehen nur wegen der Wolle so beleibt aus.

Jetzt werden Sie mich gleich fragen, ob Sie dann nicht ein warmes Kissen für Ihre Frau bekommen können, wenn die Schafe doch so reichlich Wolle haben. So leid es mir tut: Auch das ist leider unmöglich. Die Schafschur steht noch aus. Im ganzen Dorf werden Sie nicht ein Flöckchen Wolle finden.

Aber wovon leben denn diese Leute?, fragte sich Josef. Nicht ein Weizenkorn, nicht ein Strohballen, nicht ein Kännchen Milch oder Öl, nicht ein einziges Ei gibt es im Dorf! Dennoch sehen ihre Häuser adrett aus, nicht wie die Bretterbuden bei uns zu Hause. Und hier und dort dringen durch einen Türspalt Essensdüfte an meine Nase, die mich kaum täuschen dürfte... Und gestern, als es dunkel wurde, drehten sich vor den Hotels doch Bratenspieße für einige der Gäste, die das Dorf bevölkern...

Armer Josef, einfältiger Josef, arme Maria, arme Bauern aus Galiläa, die ihr keine Ahnung von dem habt, was Tourismusindustrie bedeutet! Natürlich gibt es Platz in den Herbergen, selbstverständlich kann man Zimmer mieten, es gibt Betten, es gibt Strohballen, Säcke voller Mehl, Fässer voller Milch und Öl, Weinschläuche, Hühnereier, Lammkeulen – für alle anderen, aber nicht für euch!

Warum, fragt sich Josef, verzweifelt nach all den vergeblichen Versuchen, warum ist das so? Ich suche Stroh für meine Frau, die leidet, und für meinen Sohn, der friert.

Warum gibt es Stroh für alle anderen, aber für mich gibt es keins?

Josef, du hast eine Kleinigkeit vergessen: Während du mit den Leuten an den Türen geredet hast, hättest du unauffällig eine kleine Münze in die Hand des Gegenübers gleiten lassen sollen.

Aber ich habe es doch versucht! Jedenfalls einmal, antwortet Josef. Man hat sie empört zurückgewiesen: Für wen halten Sie mich denn, Monsieur! Wenn ich sage, es gibt kein Stroh, dann gibt es kein Stroh, nicht mit und nicht ohne Geld. Oder glauben Sie, Ihr Geld könnte das Stroh hier vor unseren Augen aus dem Boden sprießen lassen?

Ach, du einfältiger Josef! Dann hättest du die Summe verdoppeln, verdreifachen oder sogar verzehnfachen müssen, eine große statt einer kleinen Münze in die Hand gleiten lassen – einen Wert jenseits all dessen, was du dir als armer Galiläer in deiner Einfalt auch nur vorstellen kannst!

Was? So viel!? Aber so viel habe ich niemals. Für mich ist das ein Vermögen!

Ja, Josef, so viel. Kennst du denn nicht das Gesetz von Angebot und Nachfrage? Es ist doch das große Gesetz der Marktwirtschaft: Wenn viele Menschen zur selben Zeit dieselbe Sache nachfragen, steigt der Preis unaufhörlich, besonders, wenn einige pfiffige Bürger von Bethlehem die Dinge vorausgesehen haben und zu einem Zeitpunkt, als der Strohballen nur einige Cent kostete, so schlau waren, riesige Mengen zu kaufen, um den Ballen Stroh dann zum Fünfzigfachen seines Einkaufspreises am Tag der Volkszählung wiederzuverkaufen.

Was? Das gibt es doch nicht! Glauben Sie, dass es wirklich Stroh gibt in Bethlehem?

Ja, Josef, jede Menge. So wie immer. Ich würde dich gern in die Keller und auf die Dachböden dieser Häuser mitnehmen können. Du würdest staunen, welche Vorräte da lagern.

Dann haben all diese Leute mich also angelogen?

Aber nein, Josef. Das Ganze hat mit einer besonderen Charaktereigenschaft der Bewohner von Bethlehem zu tun. Sie lügen nicht. Sie meinen es ernst. Sie haben Augen, aber sie sehen nicht die Reichtümer, die unter ihren Dächern lagern. Sie fühlen sich arm, geradezu armselig und nackt, und das selbst im Gespräch mit ihrem Vater, ihrer Mutter oder ihrem Bruder – bis zu dem Moment, wo du ihnen eine große Münze in die Hand legst. Erst dann, wie durch ein Wunder, entdecken sie, dass ihre Scheunen voll sind.

Das alles habe ich in Josefs Ohr geflüstert, während er den steinigen Weg zurück zum Stall ging. Ob er es begriffen hat? Ich bin mir nicht sicher. Und selbst wenn er es begriffen hat, wird es nie in seinen Kopf gehen, und in den seiner Frau auch nicht. Er ist nun mal nicht in Bethlehem groß geworden, und der Rest der Welt ist so anders als dieses seltsame Bethlehem. Um es klar zu sagen: Wer nicht in Bethlehem geboren ist, wird diese Leute nie verstehen können.

Josef erreicht den Stall. Er macht sich Sorgen, weil er überhaupt nichts erreicht hat. Was wird Maria sagen? Wird sie einem Ehemann, der sich so ungeschickt anstellt, noch Vertrauen schenken?

Der Stall ist auf seltsame Weise erleuchtet. Eine ganze Traube von Menschen drängt sich in ihm. Josef muss blinzeln, die Lampen, die in den Ecken aufgehängt worden sind, blenden ihn. Freundliche, aber schlecht rasierte Gesichter schenken ihm ein herzliches Lächeln oder ein gutes Wort. Das Kind liegt in einer Krippe, die großzügig mit Stroh ausgepolstert ist. Maria liegt auf einer Schicht von Webdecken und vielfarbigen Wollkissen. Kannen voller Sauermilch stehen auf dem Boden. Ein Lamm ist da, das sein Fleisch als Opfer anbietet; es will der erschöpften Mutter zu neuer Kraft verhelfen. In einer Ecke des Stalls mahlt ein junger Hirte auf zwei kleinen Mahlsteinen Weizen. In einer anderen hat ein alter ein Feuer angezündet, auf dessen Glut er gleich einen Fladen backen wird.

Josef bedankt sich bei allen, schüttelt Hände, spricht Dankes- und Segensworte. Aber weil er verstanden hat, was ich ihm ins Ohr geflüstert habe, tastet seine Hand nervös nach den wenigen Kupfermünzen, die er in seinem Gürtel mit sich führt. Besorgt stellt er fest, dass, selbst wenn er nicht eine für sich behält, seine Münzen nicht für jeden dieser struppigen und großzügigen Eindringlinge reichen werden. Er nimmt einige in die Hand und nähert sich dem ältesten Hirten, von dem er annimmt, dass er der Chef ist. Vorsichtig versucht er, ihm ein Trinkgeld in die raue Hand gleiten zu lassen. Aber der stößt Josefs Hand zurück: Behalte dein Geld, Galiläer, wir wollen es nicht!

Und als Josef darauf besteht und die angebotene Summe erhöht, heißt es: Wir lassen uns auf keinen Fall bezahlen. Wir wollen es nicht!

Aber, stottert Josef, aber ... ihr seid doch alle aus Bethlehem, oder etwa nicht?

Ja, sagt der Alte, wir sind aus Bethlehem, aber vor einer Stunde, um Mitternacht, haben wir Engel gesehen. Sie verstehen ...

Nein, ich verstehe überhaupt nichts, antwortet Josef. Ich habe gerade erst gelernt, dass die Leute aus Bethlehem blind sind und sich ihre Augen erst in dem Moment öffnen, in dem sie Geld klingeln hören.

So war es, antwortet der Alte. Bis die Engel zu uns sprachen. Genau so waren wir, so lange man zurückdenken kann. Bis Mitternacht. Um fünf nach zwölf sind wir ganz andere geworden. Ich gebe zu, der Übergang geschah ein bisschen plötzlich, und wir sind selbst noch ganz verblüfft. Wir hätten auch auf halbem Wege Halt machen können, um kleine, ehrliche Händler zu werden, die ihr Stroh zu einem vernünftigen Preis verkaufen. Aber die Engel haben zu uns gesprochen. Der Himmel war offen, und wir haben Dinge gesehen ... Verstehen Sie, Monsieur, im Himmel ist alles gratis. Gott, der Höchste, gibt sich selbst – einfach so, ohne Gegenleistung, und dann fangen alle anderen auch an, ohne Bezahlung zu tun, was getan werden muss, aus Dankbarkeit, aus Liebe. Wenn man das einmal gesehen hat, selbst wenn es nur für einen Moment war… Es verändert dich. Übrigens, Ihr Sohn, der ja geradewegs vom Himmel kommt, wird Ihnen das alles noch deutlich machen. Ja, ja, Monsieur, Sie haben da ein Kind, das Ihnen noch seltsame Dinge zeigen wird.

So weit das Gespräch. Die Hirten brechen wieder auf. Und Josef, diese ehrliche Haut und einfache Seele, setzt sich erst einmal hin, um all das in seinem Herzen zu bewegen. Maria und das Kind schlummern. Die Gaben und das Stroh, die sich um Josef herum häufen, ja, vor allem das Stroh, das wie die Sonne glänzt, sind der klare Beweis für die geheimen, aber umstürzenden Dinge, die sich heute in Bethlehem ereignet haben.

Die Lampen verlöschen eine nach der anderen, während draußen an einem klaren, perlmuttfarbenen Himmel eine alles umfassende Morgendämmerung heraufzieht.

* * *

Der neue Stern

Zur »Kulisse« der folgenden Geschichte

Als junger Mann reiste André Trocmé 1922 nach Marokko, genauer: in das Protektorat Französisch-Marokko. Er war Theologiestudent, aber diese Reise unternahm er nicht als Urlauber oder als Studienreisender, sondern als Soldat.

Wie kann es sein, dass ein überzeugter Pazifist Militärdienst leistete? Die Antwort ist einfach: Es gab noch kein Recht auf Kriegsdienstverweigerung, geschweige denn die Einrichtung eines Zivildienstes. Alles, was ein junger Mann mit Andrés Überzeugung tun konnte, war, nach der Einberufung zu desertieren, also zu fliehen und, wenn er geschnappt wurde, ins Gefängnis zu gehen. Oder er trat den Dienst an, verweigerte dann aber den Gebrauch der Waffe. André Trocmé entschied sich für Letztes, und so kam er zunächst in eine »compagnie disciplinaire«, eine Strafkompanie, und dann zum »service géografique« in den Norden Marokkos. Dort wurde er mit geodätischen Aufgaben betraut, also Aufgaben zwischen Astronomie und Geophysik.

Ein Erlebnis aus dieser Zeit (und ein astronomisches Wissen, das heute zu Teilen überholt ist) bildet den Ausgangspunkt für eine Geschichte, die er etwa zwanzig Jahre später seiner Gemeinde erzählte. Aber natürlich wollte er als Pfarrer seiner Gemeinde mehr weitergeben als Erinnerungen an eine Nacht als »Hilfs-Astronom«. Es geht in dieser Geschichte deshalb um die Vermessung der Welt und des Himmels im übertragenen Sinn: Was gibt Orientierung? Was ist wirklich wichtig? Welche Prioritäten prägen das Leben des »normalen Menschen«? Auf wen hören die Weisen (und alle, die sich für weise halten)? Und schlussendlich: Welche Blickrichtung bestimmt den Weg des Suchenden: die »nach oben« oder die »nach unten«? Auch dem gewieftesten Sterndeuter kann es nämlich passieren, dass er sich von Zweifeln und Widersprüchen so verwirren lässt, dass er beinahe am Ziel vorbeistolpert ...

Der neue Stern

Mitternacht im Winter, ein marokkanisches Kaff. Tausende von Sternen sehen aus, als wären sie als Lichtpunkte an den Himmel gespießt. In der Ferne sind Schakale auf der Jagd, ihr Heulen ist mal aus dieser, mal aus jener Richtung zu hören. Mein Auge ist auf den dahinfliegenden Zeiger eines Chronometers gerichtet, der vom Schein einer Sturmlampe nur schwach beleuchtet wird. Unhörbar, nur mit Lippenbewegungen zähle ich Fünftelsekunden: a, b, c, d: 1; a, b, c, d: 2; a, b, c, d: 3, während ich gleichzeitig, den Stift in der Hand, auf die Worte meines Vorgesetzten höre. Er steht fünf Meter von mir entfernt und »fängt« die Sterne: »Achtung... Achtung... Jetzt!«

Sobald ich das »Jetzt!« höre, fällt mein Stift aufs Papier und schreibt: »Stern 6, Sternbild der Schlange, hat den Zenit um 0 Uhr, 3 Minuten, 42 Sekunden 6/10^{e} überschritten.«

Seit zwei Stunden bin ich hier, auf dem höchsten Punkt eines steinbedeckten Hügels, eingemummt in mehrere

Decken, denn der Wind ist kalt. Meine Gedanken vagabundieren durch Zeiten und Räume, während meine Lippen mechanisch die Minuten in Fünftelsekunden teilen.

Meine Gedanken wandern ... Hat der Leutnant vorhin, als wir seinen Apparat auseinandergenommen und gereinigt haben, nicht gesagt, das Astrolabium sei das älteste astronomische Instrument der Welt? Schon die Ägypter und Chaldäer nutzten ein ähnliches Gerät wie dieses hier, natürlich viel einfacher gebaut, um zu messen, wann ein Stern den Zenit überschreitet, also den Punkt am Himmel, der ganz genau über dem liegt, an dem wir auf der Erde stehen. Dank des Astrolabiums kann man, wenn man einen Stern beobachtet und die genaue Zeit kennt, wissen, an welchem Punkt der Erde man selbst sich befindet. Man kann es »punktgenau« sagen.

»Aber«, hatte ich ihn erstaunt gefragt, »kennen denn die Astronomen alle Sterne?«

»Ja, tatsächlich, sie kennen alle. Seit der Antike gibt es Verzeichnisse der Sterne. Jeder Stern hat seinen Namen. Manchmal, aber sehr selten, erscheint ein neuer Stern am Himmel. Er scheint eine Weile, dann verlöscht er. Das ist ein großes Ereignis für die Astronomen. Der letzte Stern, der sogar mit bloßem Auge entdeckt wurde, gehörte zum Sternbild des Schwans, das war am 20. August 1920.«

Meine Gedanken wandern ... und überwinden die Jahrhunderte. Mithilfe eines Sterns die eigene Position auf vier oder fünf Meter genau bestimmen ... Einen neuen Stern beobachten, der erscheint und dann wieder verschwindet... Ein Vers aus dem Matthäusevangelium kommt mir in den Sinn: »Als sie *unter dem Stern* ankamen, hielten sie an...« Die Weisen aus dem Morgenland waren Astronomen... das Astrolabium.

* * *

Mitternacht im Winter, irgendwo in der orientalischen Wüste vor 1900 Jahren. Tausende von Sternen sehen aus, als wären sie als Lichtpunkte an den Himmel gespießt. In der Ferne sind Schakale auf der Jagd, ihr Heulen ist mal aus dieser, mal aus jener Richtung zu hören. Auf dem höchsten Punkt eines steinbedeckten Hügels steht Melchior, das Auge am Astrolabium.

Bald darauf steigt er den Hügel herab zu seinen Begleitern und sagt: »Der neue Stern hat den Zenit lange vor der mittleren Nachtwache – vor Mitternacht – überschritten. Der Ort, den wir suchen, liegt im Okzident.«

Melchior, Balthasar und Kaspar steigen wieder auf ihre Kamele und reiten in der eiskalten Nacht Richtung Westen. Hinter ihnen ziehen aufgereiht die kleinen Esel der Gefolgschaft, beladen mit Gold, Weihrauch und Myrrhe. Ein Sklave, inspiriert von der feierlichen Atmosphäre dieses nächtlichen Zugs, singt eine kleine Melodie, die unvermittelt abbricht.

Wegen der Hitze hält die Karawane, wenn der Tag beginnt, und ruht bis zum Abend.

Von einer Etappe zur anderen leitet der neue Stern die Weisen bis ans Ufer des Jordans. Melchiors Beobachtungen führen ihn zu dem Schluss: »Wir sind fast am Ziel unserer Reise. Es ist nur noch eine Tagesreise Richtung Okzident.«

»Dann leitet der Stern uns also nach Jerusalem, der Hauptstadt der Juden«, antwortet Balthasar.

Und Kaspar folgert: »Wenn wir so nah am Ziel sind, brauchen wir den Stern gar nicht mehr. Die Leute, die hier leben, werden uns genauere Auskunft geben können.«

Und so kommt es, dass die Weisen, als sie Judäa erreichen, die Augen nicht mehr nach oben richten, sondern menschlicher Weisheit vertrauen, die sie von jetzt an leiten soll.

Der erste Mann, auf den sie treffen, ist ein Landarbeiter, der dabei ist, Ackerfurchen zu ziehen.

Melchior ruft ihm zu: »Wo ist der neugeborene König der Juden? Wir haben seinen Stern gesehen.«

Der Bauer richtet sich langsam auf und sagt: »Einen Stern? Hab ich vielleicht Zeit, auf die Sterne zu achten? Ich hab wahrlich anderes zu tun. Ich verdiene mein Brot und das meiner Kinder im Schweiße meines Angesichts, hier, über die Ackerfurche gebeugt.«

»Der Stern, den wir gesehen haben, ist nicht wie die anderen«, antwortet Balthasar ihm. »Es ist ein neuer Stern, und der König, den wir suchen, ist der Sohn Gottes, der über die ganze Welt herrschen soll.«

Der Bauer lacht höhnisch: »Der Sohn Gottes? Sobald Gott sich um mich kümmert, werde ich mich auch um ihn kümmern. Mein Stück Land – das ist mein Gott! Es

kostet mich Arbeit und Schweiß, aber es ernährt mich auch, Jahr für Jahr, darauf kann ich mich verlassen.«

Und schon beugt er sich wieder zum Acker, um weiterzuarbeiten.

Die Weisen ziehen weiter, und Kaspar murmelt vor sich hin: »Dieser Mann ist vielleicht ein wenig zu erdverbunden. Wir fragen lieber den nächsten.«

Unterhalb der Mauern von Jerusalem führt die Straße an der Werkstatt eines Schmieds vorbei. Rauch und Funkenschlag zeigen sie an. Die Weisen treten ein, und Melchior ruft: »Wo ist der neugeborene König der Juden? Wir haben im Osten seinen Stern gesehen.«

Der Schmied legt seinen Hammer zur Seite und fragt: »Was für ein Stern? In meiner Werkstatt, mitten in diesem Rauch, sehe ich keine Sterne. Die einzigen Sterne, die ich kenne, sind die, die mein Hammer aus dem glühenden Eisen schlägt.«

»Wir suchen den, der da kommt im Namen des Herrn«, antwortete Balthasar. »Er wird die Erde mit seiner Gerechtigkeit erfüllen.«

»Wenn ihr so einen sucht«, bricht es aus dem Schmied heraus, »dann könnt ihr noch lange warten! Gerechtigkeit entsteht nicht durch ein himmlisches Mirakel, sondern durch die Arbeit der Menschen. Ich bin ein rechtschaffener Mann, ich habe niemanden getötet und nichts gestohlen. Ehrliche Arbeit – das ist mein Gott!«

Die Weisen setzen ihren Weg fort und kommen an das Stadttor. Ein Soldat steht dort und hält Wache. Melchior spricht ihn an: »Wo ist der neugeborene König der Juden? Wir haben seinen Stern gesehen.«

Der Soldat salutiert und antwortet: »Ich kenne keinen anderen Stern als den, der über dem ruhmreichen Schicksal meines Herrn, des Kaisers steht.«

»Der Kaiser herrscht durch Gewalt«, antwortet Balthasar. »Aber der, der gerade geboren wurde, wird die Welt durch Sanftmut lenken. Er wird der Friedefürst sein.«

Der Soldat fängt an zu lachen. »Friedefürst! Was für eine Idee! Kann man mit Sanftmut Friede zwischen den Menschen schaffen? Schaut euch die Juden an, ihre Parteiungen, ihre Streitereien. Der Kaiser ist gekommen und hat durch die Macht seines Schwertes Ruhe geschaffen. Es ist das Recht, das über die Welt herrscht, aber Recht ohne Schwert – das gibt es nicht.«

Der Soldat zuckt mit den Schultern.

Als sie weiterziehen, sagt Kaspar zu seinen Freunden: »Dieser Mann betet die Macht des Staates an. Gott kennt er nicht.«

In den engen Gassen der Stadt herrscht reger Betrieb, denn es ist ein Festtag. In kleinen Läden werden Kuchen verkauft, Süßes und Fettgebackenes. Männer sitzen auf dem Boden und machen Würfelspiele. Schaulustige bilden einen Kreis, in dessen Mitte Frauen singen, tanzen und in die Hände klatschen. Wahrsager sprechen von zukünftigen Dingen.

Die Weisen halten einen jungen Mann an und fragen ihn: »Wo ist der neugeborene König der Juden? Wir haben im Osten seinen Stern gesehen.«

Der Mann starrt sie an und lacht los: »Der König der Juden? Heute ist Karneval!« Er zeigt auf einen betrunkenen Mann, der taumelnd singt. »Da habt ihr ihn, euren König der Juden!«

»Unsere Frage ist kein Scherz, junger Mann«, sagt Balthasar. »Der, der gerade geboren wurde, wird ohne Sünde sein. Er wird auf das tiefste Verlangen der Menschen antworten. Junge Leute wie du werden alles stehen und liegen lassen, um ihm zu folgen.«

»Mein tiefstes Verlangen? Ein Mädchen an der Hand zu halten und mit ihm zu lachen. In ihren Augen Sterne anzuzünden, Sterne, die viel strahlender und näher sind als eure entfernten Sternbilder – das ist mein tiefstes Verlangen. Das Vergnügen und der Augenblick, der schnell vergeht – das ist mein Gott! Geh, alter Moralapostel, und halt deine Predigten woanders.«

Kaspar wird rot, als er diese Beleidigung hört, und während sie weiterziehen, sagt er: »Die Jugend ist gedankenlos. Wenn er wüsste, wie kurz das Leben ist! Lasst uns zum Königspalast gehen! Der neugeborene König muss ja zur Königsfamilie gehören; Herodes wird uns Auskunft geben können.«

Im Thronsaal empfängt Herodes sie mit großen Augen. Die Weisen fragen auch ihn: »Wo ist der neugeborene König der Juden? Wir haben im Osten seinen Stern gesehen.«

Herodes lächelt liebenswürdig. »Ein König der Juden? Ihr seid die Ersten, die mir die gute Nachricht bringen! Es tut mir leid, aber ich habe noch nichts von seiner Existenz gehört.«

»Herr«, antwortet Balthasar, »der König, den anzubeten wir hierher gekommen sind, ist der, von dem die alten Propheten sprachen. Große Weisheit wird ihn erfüllen, und die Könige der Erde werden sich vor ihm niederwerfen.«

Herodes ist beunruhigt, denn er kennt die Prophezeiungen, und weil er viele Güter hat, ist er auf mögliche Rivalen eifersüchtig bis zur Mordlust. Aber er lässt sich nichts von alledem anmerken, als er sagt: »Ich habe davon gehört, dass ein Messias kommen wird. Aber das ist eine komplizierte Sache, eine Angelegenheit für Theologen. Sie müsst ihr um Auskunft bitten. Ich als Realist weiß aus Erfahrung, dass es nicht euer unendlicher Gott ist, der die Welt regiert, auch nicht die Sterne, sondern allein der Gott des Goldes, dessen Sterne sich anfassen und in Truhen stapeln lassen: Diamanten und Saphire.«

Die Weisen verlassen den Saal, und Kaspar murmelt beim Hinausgehen: »Das ist also der Realismus des Herodes... Was werden wir wohl als nächstes hören?«

Dennoch steigen sie zum Tempel hinauf, um auch noch die Hohenpriester und Schriftgelehrten zu befragen. Kaum hat Melchior seine Frage gestellt, da entzündet sich zwischen den Priestern eine lebhafte Diskussion, und alle reden gleichzeitig. Die einen sprechen von David, die anderen von Elia, noch andere von Jerusalem oder von Bethlehem. Manche diskutieren den Zeitpunkt oder mögliche Zeitabschnitte.

Schließlich hebt Balthasar die Stimme und übertönt sie alle: »Der König, den wir suchen, wird die ganze Welt lehren, was der eine wahre Gottesdienst ist. Durch ihn werden die Menschen Gott im Geist und in der Wahrheit anbeten. Er wird die Spaltungen überwinden.«

Diese Unterbrechung lässt den Streit verstummen. Auf einmal sind sich alle Theologen einig und wenden sich gegen die Fremden.

»Wo kommt ihr überhaupt her, ihr Unbeschnittenen?«, schreit der Hohepriester. »Wisst ihr nicht, dass Gott Mose auf dem Berg Sinai den einzig wahren Gottesdienst gelehrt hat? Wenn euer Messias auch nur ein Jota am Gesetz Gottes ändert, dann ist er nicht der wahre Messias. Es gibt keine anderen Sterne, die die Völker der Erde leiten können, als die, die die heilige Flamme des Brandopfers auf unseren Altären entzündet. Außerhalb des Tempels kann es keinen Messias geben!«

Von den Theologen verstoßen, ziehen die drei Weisen weiter. Sie sind niedergeschlagen und zweifeln am Sinn ihrer Reise.

»Der neue Stern hat mich getäuscht«, sagt Melchior. »Er ist ein Stern wie jeder andere. Ein Stern mehr am Himmel, der uns nichts lehren kann – außer, dass wir nichts über das Universum und sein Schicksal wissen und auch niemals etwas darüber erfahren werden.«

»Er hat uns nach Jerusalem geführt«, ergänzte Balthasar. »Wir dachten, es sei eine heilige Stadt, aber wir mussten sehen: Es ist eine Stadt wie jede andere. Hier betet man die Erde an, die Arbeit, die Macht der Herrschenden, das Vergnügen, den Reichtum, den Tempel ... Niemand hebt die Augen zum Himmel auf. Niemand erwartet den Messias.«

»Wird der Messias überhaupt jemals kommen?«, fragt Kaspar. »Haben nicht diejenigen recht, die ihn gar nicht erwarten? Wir waren verrückt, eine solch unvernünftige Hoffnung in uns zu nähren und diese absurde und abenteuerliche Reise überhaupt zu unternehmen.«

Außerhalb der Mauern der ungastlichen Stadt schlagen die Weisen ihre Zelte auf.

* * *

Es ist Abend, Winter, an einem Ort vor den Toren der Stadt. Tausende von Sternen sehen aus, als wären sie als Lichtpunkte an den Himmel gespießt.

Melchior hebt traurig die Augen und sieht den Stern. Er ist dort, weit oben, und er scheint so friedlich, so treu, so weit weg von aller Unruhe der Menschen ... Der Staub und die Enttäuschungen dieses Tages sind nicht zu ihm hinaufgestiegen.

Melchior öffnet den Mund, aber die Verwünschung, die er aussprechen wollte, erstirbt auf seinen Lippen. Die Unendlichkeit des Himmels erfüllt ihn mit solchem Respekt, dass er nichts tun kann als schweigen. Mit ruhiger, eingeübter Bewegung richtet er auf einem steinbedeckten Hügel sein Astrolabium auf, schaut zum Zenit hinauf und beginnt zu zählen …

Warum wird Melchior plötzlich so unruhig? Was erfasst ihn so heftig, dass er seine Reisebegleiter, die erschöpft und enttäuscht im Zelt schlafen, aufweckt?

»Balthasar, Kaspar, wacht auf, wir müssen weiter! Nicht der Stern – ich habe euch getäuscht! Kommt, wir können noch vor Mitternacht dort sein. Der neue Stern scheint im Süden.«

Hastig werden die Zelte abgebaut. Nach Bethlehem sind es fünf Stadien. Zwei Stunden später erreichen sie das Dorf, es ist genau Mitternacht.

Melchior hält an und richtet sein astronomisches Instrument zum Himmel. »Brüder«, sagt er, und man hört, wie bewegt er ist, »der Stern steht genau über unseren Köpfen. Wir sind da. Hier ist es.«

Im Dunkel machen sie eine Hütte aus, deren schlecht verankerte Tür Licht nach außen dringen lässt. Sie treten ein. Sie sehen das kleine Kind mit Maria, seiner Mutter. Es ist ein Kind armer Leute, das schläft und sich in nichts von anderen Kindern unterscheidet. Aber sie zweifeln nicht, denn da ist der Stern, und sie knien nieder und beten an. Und auch, als sie ihre Gaben ausgebreitet haben, gehen sie nicht fort, sondern bleiben, hier im Dunkel, das Herz erfüllt von unendlicher Dankbarkeit.

* * *

Die drei Weihnachten des Kornelius

Zur »Kulisse«« der folgenden Geschichte

Was ist ein Evangelist? Jemand, der das Evangelium verkündigt, wörtlich: die gute Nachricht. Im Allgemeinen ist damit gemeint, dass jemand von Jesus erzählt, von seiner Geburt, seinem Leben, seiner Verkündigung, seinen Taten, seinem Leiden und Sterben und seiner Auferstehung. Im engeren Sinne meint man eine der vier Personen, die dies alles nicht nur erzählt, sondern auch aufgeschrieben haben: die vier Evangelisten Matthäus, Markus, Lukas und Johannes. Für vorwiegend in Europa lebende Kulturfreunde kam Jahrhunderte später ein weiterer hinzu: Johann Sebastian Bach, der oft als der fünfte Evangelist bezeichnet wird und dessen Weihnachtsoratorium für viele Menschen inzwischen so untrennbar zum Fest gehört wie Marzipan und Kerzenschein.

Das heißt: Ein Evangelist muss kein Augenzeuge sein (das waren auch nicht alle der vier ersten Evangeliums-Aufschreiber), er muss das Evangelium »rüberbringen«, so dass die Menschen es kennenlernen und zugleich verstehen, was es mit ihrem eigenen Leben zu tun hat.

Das führt zur zweiten Frage: Was darf ein Evangelist? Selbstverständlich darf und muss er notieren, was Augenzeugen und mündliche Überlieferung ihm zu Ohren gebracht haben oder was er sogar selbst erlebt hat. Aber dann wird es knifflig: Darf er sortieren, auswählen, manches verwerfen, anderes breit darstellen? Darf er manchen Menschen Namen geben und andere Namen weglassen? Darf er Zusammenhänge herstellen, indem er Episoden nebeneinanderstellt? Darf er Geschehnisse so erzählen, dass sie auf eine Pointe hinauslaufen, auf einen Merkspruch, der im Ohr bleibt?

André Trocmé wuchs in einem streng reformierten Elternhaus auf, und sicher kannte er die Bibel schon vor seinem Theologiestudium besser, als es viele Theologen heute am Ende ihres Studiums tun. Besonders das Alte Testament spielte in der reformierten Frömmigkeit eine große Rolle, und bis heute heißt das Gesangbuch der reformierten Gemeinden in Frankreich »Psautier«: Psalter, also Psalmensammlung. Denken und Sprache waren durch Lieder und häufiges Zitieren geradezu getränkt von Bibelworten – und doch war André Trocmé kein Fundamentalist. Er wusste, dass die Bibeltexte nicht vom Himmel gefallen waren oder den Evangelisten von Engeln Wort für Wort ins Ohr geflüstert wurden, wie mittelalterliche Malereien es den Gläubigen noch nahelegten. Auch wenn das Neue Testament viele historische Fakten weitergibt: Es ist ein von Menschen geschriebener und im Blick auf die unterschiedlichen Leser bzw. Hörer redigierter Text. Und deshalb nahm Trocmé sich auch ab und zu die Freiheit, selbst in die Rolle eines Evangelisten zu schlüpfen, biblische Geschichten fortzuschreiben, sich zu fragen: Was wäre, wenn...? Es machte ihm Spaß, neutestamentliche Berichte als »Stoffe« zu behandeln und sie neu miteinander zu verweben.

Wäre es nicht zum Beispiel vorstellbar, dass einer der Soldaten, die beim Kindermord in Bethlehem dabei waren, Kornelius hieß und derjenige war, der sich später wegen seines kranken Dieners an Jesus wandte? Und welche innere Entwicklung ließe sich aufzeichnen, wenn dieser wiederum ein, zwei Jahre später Zeuge der Gerichtsverhandlung vor Pilatus geworden wäre... Trocmé spinnt die Geschichte, nicht weil er wild drauflos phantasiert, sondern so, wie ein Faden gesponnen wird. Er verknüpft Dinge, die in den Evangelien und der Apostelgeschichte nicht verknüpft sind, und macht so neue – mögliche – Zusammenhänge sichtbar. Wichtig ist nicht, dass eine Sache so und nicht anders war. Wichtig ist, deutlich zu machen, dass Gott mit den Menschen und mit jedem einzelnen Menschen eine Geschichte hat. Und was für eine Geschichte!

Die drei Weihnachten des Kornelius

Kornelius war römischer Soldat. Er gehörte zum sogenannten Italischen Regiment, das an der Burg Antonia in Jerusalem stationiert war. Als Sohn einer adeligen römischen Familie verkörperte Kornelius die besten Eigenschaften seines Volkes. An seiner linken Seite hing das Schwert der Legionäre, die sich die Welt der Barbaren untertan gemacht hatten. Kornelius glaubte an dieses Schwert, und er wusste, welche alles überragende Macht es besaß. Wie sein Schwert, so war auch Kornelius ohne Erbarmen. Niemals lächelte er.

Kornelius war jederzeit bereit, seinem Kaiser zu dienen. Wenn sein Vorgesetzter zu ihm sagte: »Komm!«, dann kam er, und wenn er sagte: »Geh!«, dann ging er.

Seine Brust bedeckte ein Brustschild, und sein Kopf trug einen Helm aus Stahl. Kornelius war unverwundbar, jedenfalls konnten weder Furcht noch Gewissensbisse ihn treffen. Er war ein stolzer Mann, der noch nie geweint hatte.

Da er die Gefahren des Krieges dem schlaffen Leben in den Städten vorzog, war Kornelius in den Orient aufgebrochen, wo die Unterwerfung der Juden noch unvollendet war. Dort lebte er nun unter einem geschwätzigen, streitlustigen Volk, das sich in lange Gewänder hüllte und immer zum Aufruhr bereit war. Aber seit seiner Ankunft herrschte in Judäa Ruhe, und Kornelius, den die Langeweile quälte, polierte seine Waffen und vertrieb sich auf den Stufen der Burg Antonia die Zeit mit Würfelspielen.

Kornelius' erstes Weihnachtsfest

Endlich, in einer kalten Winternacht, weckte das Signalhorn die Soldaten. Im Nu waren sie im Hof versammelt, und der Hauptmann gab seine Befehle: »In Bethlehem ist eine Revolte gegen Herodes ausgebrochen, gegen den von Rom geschützten Machthaber! Hirten haben ein neugeborenes Kind zum König erklärt. Ihr umzingelt das Dorf und stürmt jedes Haus. Alle Kinder, die jünger als zwei Jahre sind, müssen getötet werden. Auf – aber ohne Lärm zu machen!«

Eine Stunde später war Bethlehem von der Truppe eingekreist. Kornelius wurde als Wachtposten am Jaffator eingeteilt, das in Richtung Ägypten zeigt, und erhielt die Anweisung, jeden aufzuhalten, der versuchen sollte zu fliehen. Es wurde Nacht, und »in Rama hört man Klagerufe und bitteres Weinen: Rahel weint um ihre Kinder und will sich nicht trösten lassen«.

Ein Schauer überzog Kornelius: So hatte er sich die Heldentaten römischer Soldaten nicht vorgestellt. Aber dann nahm er sein Schwert wieder fest in die Hand. Und

tatsächlich, dort unten versuchten gerade zwei Gestalten, sich aus der Stadt zu schleichen. Kornelius stellte sich ihnen in den Weg und schrie: »Halt! Im Namen des Kaisers: Zeigt, was ihr auf dem Arm tragt!«

Die Frau öffnete ihren Umhang ein kleines Stück, und ja, es war genau das, wonach Kornelius suchte: ein ganz kleines Kind, das ihn direkt anschaute. Er hatte seine Hand schon ausgestreckt, um es zu ergreifen, als die Frau mit ruhiger Stimme sagte: »Rühre es nicht an, Soldat! Es ist Gottes Sohn.«

Was war das für eine seltsame Schwäche, die den Römer in diesem Moment überkam? Was für eine göttliche Sanftheit berührte seine Seele? Er wusste es nicht, aber er zog seinen Arm zurück und ließ die Flüchtenden ziehen.

Seit diesem Tag war Kornelius ein anderer. Das Schwert an seiner Seite hing dort wie ein überflüssiger Gegenstand. Seine Kameraden machten sich über ihn lustig, wenn sie sahen, wie er Kindern zulächelte. Ein einziger Blick des Kindes von Bethlehem hatte genügt, um sein Soldatenherz durch das Herz eines Kindes zu ersetzen. Kornelius konnte nichts dafür – er war ein guter Mensch geworden.

Kornelius' zweites Weihnachtsfest

Es vergingen wohl etwa dreißig Winter. Kornelius hatte eine Familie gegründet. Er war befördert worden und befehligte inzwischen eine Hundertschaft. Seine Schläfen begannen grau zu werden. Man hatte ihn als Befehlshaber nach Kafarnaum in Galiläa versetzt. Trotz all der Jahre, die vergangen waren – die Erinnerung an die Nacht in Bethlehem war in ihm stets lebendig geblieben. Immer wenn er versucht war, Gewalt anzuwenden, hörte er eine innere Stimme, die den einen Satz wiederholte: »Rühre es nicht an, Soldat! Es ist Gottes Sohn.«

Die Juden sprachen von ihm als einem Vorzeige-Heiden, und er war überhaupt der Einzige, dessen Namen sie ohne Verachtung erwähnten. Schließlich hatte er ihnen geholfen, eine Synagoge zu bauen.

Dennoch blieb Kornelius immer ein echter Römer. Er teilte nicht den Glauben der Hebräer, und er pflegte auch keinen Umgang mit ihnen. Das Römische Gesetz war seine Richtschnur, und sein Glaube an dieses Gesetz war unerschütterlich.

Bis zu dem Tag, als Kornelius' Diener krank wurde. Es war mitten im Winter, genau zu der Zeit, die bei Kornelius jedes Mal die Erinnerung an das Kind von Bethlehem wachrief. Am Bett des gelähmten Sklaven überfiel den Hauptmann ein Mitleid, das ihn überwältigte. Er hätte dem Kranken so gern Erleichterung verschafft, aber alle Mittel blieben wirkungslos. Kornelius rief seine Götter an, aber die Götter Roms konnten gegen den Tod nichts ausrichten.

Da entschied er sich, bei den Juden Hilfe zu suchen. Er hatte von Wundern gehört, die der Gott der Juden vollbracht haben sollte, und von der Macht eines gewissen galiläischen Arztes, von dem alle Welt sprach. Er erkundete seinen Aufenthaltsort, und als er ihn gefunden hatte, sprach er ihn direkt an: »Meister«, sagte er, »mein Diener ist krank. Aber ich weiß, welche Abscheu du als Rabbi allen gegenüber empfindest, die nicht beschnitten sind. Deshalb bin ich nicht würdig, dass du in mein Haus kommst.«

Der Meister schaute den Hauptmann an, und der senkte seinen Blick. Er, der Römer, gewohnt, zu gehorchen und zu befehlen, sah sich jemandem gegenüber, wie er ihm noch nie begegnet war, jemandem, der gehorchte wie er, aber der einer anderen Macht unterstellt war, einer Macht, höher und heiliger als die des Kaisers von Rom. Kornelius traf auf jemanden, dessen Gehorsam Gott gegenüber ihn ermächtigte, selbst über Krankheit und Tod zu befehligen.

»Meister«, sagte der Hauptmann jetzt, »auch ich unterstehe höherem Befehl und kann meinen Soldaten Befehle erteilen. Wenn ich zu einem sage: ›Geh!‹, dann geht er, und wenn ich zu einem anderen sage: ›Komm!‹, dann kommt er. Deshalb sag nur ein Wort, und mein Diener wird geheilt sein.«

»Geh nach Hause«, antwortete der Rabbi. »Dir geschehe nach deinem Glauben.«

Als er zu Hause ankam, fand Kornelius seinen Diener geheilt vor.

An diesem Tag beobachtete seine Umgebung einen weiteren Wandel bei Kornelius: Das Römische Gesetz genügte ihm nicht mehr. Als er am Abend nach Dienstschluss heimkehrte, legte er seinen Gürtel ab, zog die Ledersandalen aus, stieg in seine Kammer hoch und begann mit der mühsamen Arbeit, das Gesetz des Mose zu lesen. Ein einziger Blick des Meisters hatte in ihm einen neuen Menschen zur Welt kommen lassen. Kornelius konnte nichts dafür – er war ein Glaubender geworden.

Ein Tag im Frühjahr

Zwei Jahre gingen ins Land. Im Rhythmus der Versetzungen durch die Militärbehörde kam Kornelius nach Jerusalem zurück, um die Garnison der Burg Antonia zu befehligen.

In Jerusalem gärte es. Die Juden träumten davon, das römische Joch abzuschütteln. Pontius Pilatus, der neue Statthalter, unterdrückte erbarmungslos alle Anzeichen von Aufstand. Und Kornelius, der nun weder an das Schwert glaubte noch an die Göttlichkeit Roms, musste dennoch die blutigen Befehle des Kaisers ausführen. Er ärgerte sich über die Zwänge, die mit seiner Position verbunden waren, er verzweifelte an der Ungerechtigkeit der Menschen, aber er hielt sich niemals selbst für schuldig; er hatte noch niemals seine eigene Schuld beweint.

Es kam ein Tag, der noch schwerer auf seinen Schultern lastete als alle anderen. Schon früh am Morgen wurde Kornelius zum Gerichtssaal bestellt, um bei der Verurteilung dreier Verbrecher zu assistieren. Einer von ihnen schien ihm Mitleid zu verdienen. Auf die Anklage antwortete er nicht. Wie er so vor dem Statthalter stand, schwach und schweigend, erinnerte er Kornelius irgendwie – er wusste nicht, warum – an das schwache Neugeborene von Bethlehem. Er wurde zum Tod verurteilt, auch wenn es nicht gelang, klar zu umreißen, wessen er sich schuldig gemacht hatte. Die Hohenpriester, seine Glaubensgenossen, schienen ihn einfach nicht zu mögen – dennoch überließ Pilatus ihnen den Angeklagten.

Kornelius führte den Unglückseligen bis zur Stätte der Urteilsvollstreckung und befahl dann, ihn zu kreuzigen.

Als die Nägel seine Hände durchbohrten, trat der Hauptmann dicht an ihn heran und weinte vor Mitleid. In diesem Moment wandte der Mann seinen Kopf zu Kornelius und sprach ihn an. Kornelius war auf einen Hilferuf oder auf einen hasserfüllten Schrei gefasst, wie ihn die Verurteilten manchmal ihren Henkern entgegenschleuderten. Aber nein, dieser Mann sprach nicht von seinem eigenen Los, er weinte über ihn, Kornelius!

»Vater, vergib ihm, denn er weiß nicht, was er tut«, hörte er ihn sagen.

Jetzt erkannte ihn der Hauptmann. Unter der Dornenkrone fand er den Blick dessen, der damals seinen Diener geheilt hatte. Und es war auch der Blick des Kindes von Bethlehem, dessen Mutter gesagt hatte: »Rühre es nicht an, Soldat! Es ist Gottes Sohn.«

Von einer Sekunde zur anderen begriff Kornelius, dass sich sein Schicksal in diesem Moment erfüllte: Er war dabei, den Sohn Gottes zu kreuzigen, auf den er immer gewartet hatte.

Das Kreuz wurde aufgerichtet. Der Messias hing am Holz, und die Priester machten sich über ihn lustig:

»Anderen hat er geholfen, aber sich selbst kann er nicht helfen! Wenn du der Gesalbte, der König Israels bist, dann steig doch vom Kreuz! Dann werden wir an dich glauben.«

Und Kornelius, der an das Wunder dachte, durch das sein Diener geheilt worden war, und an die Macht, die der Sohn Gottes über Krankheit und Tod hatte, rief: »Du hast andere gerettet, jetzt rette dich selbst! Du bist Christus, der König Israels; wenn du vom Kreuz heruntersteigst, werden alle an dich glauben!«

Doch es geschah kein Wunder. Jesus stieg nicht vom Kreuz herab, seine Macht blieb verborgen. Er hatte andere gerettet, aber er rettete sich nicht selbst, und niemand glaubte an ihn. Im Gegenteil, er stieß einen schrecklichen Schrei aus: »Mein Gott, mein Gott, warum hast du mich verlassen?« Doch nur das Echo der Spötteleien antwortete ihm. Dann neigte er seinen Kopf, und der Messias verschied.

In diesem Moment erfasste Kornelius den ganzen Schrecken seiner Tat, und er dachte an die göttliche Strafe, die ihn erwartete. Er ging fort, schlug sich an die Brust und sagte: »Dieser Mann war der Sohn Gottes. Und ich habe ihn umgebracht.«

Kornelius' drittes Weihnachtsfest

Weil Kornelius den Anblick des Hinrichtungshügels nicht länger ertragen konnte, bat er darum, nach Cäsarea an die Küste versetzt zu werden. Doch die äußere Veränderung entlastete ihn nicht. Kornelius vervielfältigte seine Opfergaben und guten Werke, um Gottes Vergebung zu erwirken, aber er wusste, dass selbst das Opfer seines Lebens nicht genügt hätte, um sein Verbrechen ungeschehen zu machen.

Er vermehrte die Zahl der Stunden, die er über der Tora meditierte, und sein Gebet stieg bis spät in die Nacht auf zu Gott: »Vater, vergib mir! Ich habe deinen Sohn getötet.« Aber Gott antwortete nicht auf seine Gebete.

Schließlich überwältigten ihn der Zweifel und die Auflehnung gegen Gott: »Oh Gott, warum hast du deinen Sohn verlassen? Du hattest ihm die Macht gegeben, den Tod zu besiegen, aber du hast auf seinen Schrei nicht geantwortet. Du antwortest überhaupt nicht auf die Schreie der Menschen. Du hast mich ein Verbrechen begehen lassen, ohne einzuschreiten. Vielleicht sind wir dir ja egal? Vielleicht gibt es dich gar nicht!«

Der Winter kam und mit ihm ein ganzer Geleitzug schmerzlicher Erinnerungen. Dann, in der Nacht von Bethlehem und von Kafarnaum, hörte Kornelius eine Stimme, die ihm einen Befehl gab: »Schicke Männer nach Joppe, um Simon zu suchen, der auch Petrus genannt wird!«

Kornelius gehorchte, obwohl er der seltsamen Botschaft misstraute. Zwei Tage später kam Simon Petrus bei ihm an.

Der einstige Fischer vom See Gennesaret erzählte dem Hauptmann seine Geschichte, eine Geschichte, die der des Kornelius nicht unähnlich war: Er erzählte, wie er am Ufer des Sees berufen worden war, wie Jesus durch seine Wunder die Massen anzog und wie er mit dem, was er sagte, die Hohenpriester gegen sich aufbrachte. Als Petrus in seinem Bericht bei der Festnahme und seiner Verleugnung im Innenhof des Palastes ankam, erzählte Kornelius ihm sein eigenes Vergehen, und sie weinten beide. Aber Simons Bericht war noch nicht zu Ende. Er war aufgestanden, und es sah aus, als würde ein Licht aus ihm herausstrahlen. Und dann erzählte er Kornelius von den Dingen, die dieser noch nicht wissen konnte: vom Ostermorgen, dem leeren Grab und dem auferstandenen Jesus.

»Kornelius«, sagte er und sah den Römer an, »Jesus lebt, er hat den Tod besiegt! Und er hat mir aufgetragen zu verkündigen, dass jeder, der an ihn glaubt, in seinem Namen die Vergebung der Sünden empfängt.«

Als er das hörte, konnte Kornelius glauben. Das Kreuz Christi stand nicht nur für sein Verbrechen, sondern auch für sein Heil. Der Stein, der den Messias im Grab eingeschlossen hatte, war weggerollt. Von neuem geboren, konnte Kornelius Gott begegnen. Der Geist Jesu befreite ihn von aller Sünde.

Das war Kornelius' drittes Weihnachtsfest.

* * *

Das Weihnachtsfest des Zeloten

Zur »Kulisse« der folgenden Geschichte

Jesus war Jude. Dieser schlichte Satz enthielt in der Zeit, in der die nationalsozialistische Ideologie das Denken in ganz Europa zu bestimmen suchte, Sprengstoff. Die jüdischen Wurzeln des Christentums wurden verwischt oder geleugnet, und wenn man völlig abstruse Gedankengebäude bemühen musste, die angeblich nachwiesen, dass Jesus eigentlich »Arier« war.

André Trocmé stellt die Geburt von Jesus in dieser Geschichte in ihren – natürlich literarisch ausgeschmückten – geschichtlichen Zusammenhang: Ein flächenmäßig unbedeutendes, aber strategisch wichtiges Land ist von einer großen Militärmacht besetzt. Eine kleine, hochreligiös motivierte und paramilitärisch agierende Gruppe – die Zeloten – leistet Widerstand, hat aber geringe Chancen angesichts der erdrückenden Übermacht der Besatzer. Trotz ihrer verzweifelten Lage lassen die Zeloten den Mut nicht sinken, denn ihre heiligen Schriften – uns heute als Altes oder Erstes Testament bekannt – sprechen von einem Messias, der sein geknechtetes Volk erlösen wird.

André Trocmé lässt seine Hörer an dem inneren Kampf eines schwer verwundeten Zeloten teilhaben und macht klar, dass Jesus zuerst und vor allem als der verheißene Retter des jüdischen Volkes zur Welt gekommen ist. Das rechtfertigt nicht die zweifellos gewalttätigen Akte der Zeloten. Im Gegenteil: Der Lobgesang Marias ist ganz getränkt von alttestamentlicher Sprache, aber er stellt gleichzeitig alles in Frage, was der Zelot sich auf die Fahnen geschrieben hat.

»Er stößt die Gewaltigen vom Thron und erhebt die Niedrigen.« Das könnte der Zelot auch beten. Die Geburt des hilflosen Kindes im Viehstall zeigt aber, dass die entscheidende Frage die nach der Art und Weise ist, in der Gott handelt. Es geht um das Wie. Gott greift ein und schafft Gerechtigkeit, aber nicht durch die Mittel, die der Zelot gewählt hat. Er kommt als wehrloses Kind – von außen betrachtet völlig chancenlos.

Magda und André Trocmé standen auf der Seite der französischen *Résistance*. Aber sie lehnten deren Mittel ab, den bewaffneten Kampf. »Wenn der Messias der Friede-Fürst ist, wie, oh Gott, wird er dann Israel inmitten dieser gewalttätigen und mörderischen Welt retten?«, lässt André den Zeloten zweifelnd fragen. Es war auch seine Frage angesichts des Leids der geflohenen Juden in Le Chambon und Umgebung und erst recht angesichts des Leids, von dem man vom Hörensagen wusste. Doch er ließ sich von seiner pazifistischen Haltung durch nichts abbringen.

»Ich habe niemals einen Soldaten davon abgehalten, seinen Posten zu beziehen. Dafür habe ich zu viel Respekt vor dem Gewissen der anderen«, schreibt er in einem Brief. *»Aber ich muss dem gehorchen, was Gott mir klargemacht hat: ›Du sollst nicht töten.‹ Es ist nicht mein Verdienst. Meine Berufung war so stark und klar, dass aller Widerstand zwecklos gewesen wäre.«*

Den Zeloten tröstet zuletzt eine Vision. Und Maria und Josef können mit dem Kind fliehen. Die Erfüllung der Verheißung eines Friedensreichs aber steht bis heute aus.

Das Weihnachtsfest des Zeloten

(Diese Geschichte kann mit verteilten Rollen gelesen werden.)

Die Stimme des Kämpfers

Im ersten Moment hatte der Zelot geglaubt, er sei allein. Blutend hatte man ihn auf das schmutzige Stroh einer dieser Grotten geworfen, die am Rande Bethlehems mal als Unterstand für eine Schafherde, mal als Gefängnis für einen Schafdieb dienen. Schloss und Riegel der schweren Pforte hatten seinem Leben in Freiheit ein Ende gesetzt. Er war gefangen. Herodes hielt ihn fest und würde ihn niemals lebend entkommen lassen.

Immer noch sickerte Blut aus seinen Wunden, und der Zelot merkte, wie seine Kräfte abnahmen. Aber der heilige Zorn, der ihn beseelte, wurde durch die tödliche Schwäche nicht geringer. »Israel, mein Volk! Israel, mein Volk!«

Hatte er nicht zehn Jahre lang auf die Befreiung seines Volkes hingearbeitet? Sein Glaube, der sich aus alten

Prophetenworten speiste, hatte immer wieder Begeisterung in ihm entflammt. Vierhundert Männer waren ihm gefolgt. Unermüdlich hatten sie Unterschlüpfe in den Bergen besetzt gehalten, waren sie Verfolgern entwichen, plötzlich in Dörfer eingefallen, hatten von Zolleinnehmern und anderen, die für die Unterjochung durch Herodes arbeiteten, Lösegeld gefordert und Landsleute rekrutiert und ausgestattet, die wie sie die Befreiung Israels erwarteten ... So lange, dass das Gerücht aufkam, er selbst, der Zelot, sei der kommende Messias.

Mit Scham erinnerte sich der Zelot an die Umstände seiner Gefangennahme: das Denunziertwerden durch einen falschen Bruder, den Hinterhalt, in den die Anhänger des Herodes ihn gelockt hatten, die Feigheit seiner Partisanen und schließlich seine eigene Unvernunft, die ihn trotz eines verzweifelt geführten Kampfes gegen hundert von den Römern besoldete Verräter an diesen Ort gebracht hatte. Besiegt. Am Ende aller Hoffnungen für Israel.

Der Zelot hasste in diesem Moment alles und jeden: Er hasste die Feinde seiner Heimat für ihre erdrückende militärische und strategische Übermacht. Er hasste sein eigenes Volk wegen dessen innerer Querelen, dem Mangel an Disziplin und Zuverlässigkeit. Er hasste sich selbst für die taktischen Fehler, die ihm unterlaufen waren. Er hasste, ja, er hasste sogar Gott, der dies alles zugelassen und sein Volk schon vor vielen Jahren aufgegeben hatte.

Ich habe mich im Eifer für den Herrn
verzehrt, für den Gott der Heerscharen.
Denn die Kinder Israels haben
deinen Bund verlassen.
Sie haben die Altäre umgeworfen und die
Propheten mit dem Schwert getötet.
Ich allein bin übrig geblieben, und sie
wollen mir das Leben nehmen.
Oh Gott! Die Heiden haben dein Erbe angetastet,
sie haben deinen heiligen Tempel entweiht.
Du ziehst nicht mit unserem Heer,
du lässt uns vor dem Feind zurückweichen.
Wach auf! Warum schläfst du, Herr?

Verzweifelt murmelte der Zelot vor sich hin.

Die Stimme des Kindes

Der Zelot glaubte, allein zu sein, und er war es tatsächlich. Dennoch gesellte sich zu seiner Stimme bald eine andere, eine klagende Stimme, die in der nächtlichen Stille Höhen und Tiefen umspann, eine durchdringende Stimme, die aus den Steinen der Höhle zu kommen schien, elend und als ob die Steine die Leiden Israels selbst herausschrien.

In seiner Benommenheit brauchte der Zelot eine Weile, bis er wusste, woher das Klagen kam. Es war das Weinen eines Neugeborenen, das durch die Ritzen im Stein aus einer Nachbarhöhle kommen musste... Das Geschrei eines bedauernswerten jüdischen Säuglings.

Dann übertönte ein Mann mit starkem galiläischen Akzent das Weinen des Kindes. Auch er klagte und erzählte dabei wie für sich selbst die traurige Geschichte eines ungebildeten Bauern. Vom rücksichtslosen Befehl, sich unverzüglich von Nazareth nach Bethlehem zu begeben, erzählte er, weil der gottlose Kaiser eine Volkszählung durchführen wollte, ohne auf einen Zustand wie den seiner Frau Rücksicht zu nehmen. Vom erschöpfenden Fußmarsch erzählte er, von der Ankunft in Bethlehem, von der Brutalität der römischen Soldaten, der Habgier der Herodes freundlich gesonnenen Händler, die aus dem Elend der Reisenden Kapital schlugen. Von den jüdischen Hoteliers und Ladenbesitzern erzählte er, die von ihnen Geld genommen und sie dann doch vor die Tür gesetzt hatten ... und von der Geburt des Kindes auf dem Stroh hier, in dieser Höhle, die als Stall gedient hatte.

Bei jedem Wort, das er hörte, bäumte sich das Herz des Zeloten in ohnmächtiger Wut auf. Ach, wenn er noch einmal entkommen könnte, um all das zu rächen und diese Bosheit heimzuzahlen! Wie im Wahn versuchte er aufzustehen, aber verzweifelt und schwach stürzte er wieder zu Boden.

Die Stimme der Frau

Es war wieder still geworden. Eine schwere Stille war es, die in sich noch die Schreie und Tränen trug. Doch plötzlich geschah etwas ganz und gar Ungewöhnliches – in der nächtlichen Stille erschien es wie ein Wunder: Eine Frauenstimme war zu hören. Sie sang.

Sie sang nicht vor sich hin, wie Ammen es oft tun, um mit monotonen Weisen die Kinder in den Schlaf zu singen. Nein, es war ein triumphierender und herber

Gesang, ein fröhliches und klares Psalmlied, das der Zelot jedoch noch nie gehört hatte:

Meine Seele erhebt den Herrn,
und mein Geist freut sich Gottes, meines Heilandes,
denn er hat die Niedrigkeit seiner Magd angesehen.

Ja, so hörte sich eine Frau an, »die nicht mehr an die Angst denkt um der Freude willen, dass ein Mensch zur Welt gekommen ist«. Die Menschheit verliert die Hoffnung, aber die Frau ist voller Hoffnung, denn Gott hat sie angesehen.

Er übt Gewalt mit seinem Arm
und zerstreut, die hoffärtig sind
in ihres Herzens Sinn.
Er stößt die Gewaltigen vom Thron
und erhebt die Niedrigen.

Der Zelot hörte zu, wie in eine andere Welt verrückt. Er glaubte, die Prophetin Debora nach dem Sieg über Sisera zu hören! Er spürte, wie sein Herz in ihm brannte. Gott hatte sein Volk also nicht verlassen. – Aber wer war diese Frau? Was machte sie in dieser elenden Höhle? War sie die Mutter des weinenden Kindes?

Die Stimme des Engels

Wieder hatte sich Stille in der Höhle ausgebreitet, aber es war nicht mehr die Stille der Verzweiflung. Es war eine Stille voller Erwartung und Verheißung. Der Zelot dachte an die Frau, fragte sich: Wer ist sie?, und wusste, dass die Antwort nicht auf sich warten lassen würde.

Und da war auch schon die Antwort zu vernehmen: In der Nachbargrotte waren Leute angekommen, und wieder sprach jemand, offensichtlich ein Alter, in einfachen Worten, sicher jemand aus Bethlehem, vielleicht ein Bauer. Er sprach, fast ohne Luft zu holen, wie jemand, der von einem großen Gefühl noch ganz überwältigt ist.

»Frau«, rief er, »Frau, wir haben einen Engel gesehen! Frau, der Engel hat zu uns gesprochen!«

Die Frau schien keineswegs erstaunt zu sein.

»Ich weiß«, sagte sie. »Ich kenne ihn. Es ist Gabriel, der Verkündigungsengel. Erzähl, Alter, was hat er vorhergesagt?«

Jetzt war wieder die Stimme des Alten zu hören: »Gabriel war von der Menge der himmlischen Heerscharen umgeben. Frau, wir haben den Himmel offen gesehen! Er hat uns gesagt, dass der Messias heute, in dieser Nacht, geboren worden ist! Immanuel, Gott mit uns! Frau, dieses Kind hier, dieses Kind, das in der Futterkrippe für die Tiere liegt, dein Kind ist der Messias!«

Und die Mutter antwortete voller Demut: »Ich bin des Herrn Magd.«

Der Zelot, der ganz allein in seiner Höhle saß und zuhörte, war innerlich aufgewühlt und rief mit lauter Stimme (auch wenn niemand ihn hörte außer dem, der alles hört): »Ich auch! Auch ich bin ein Knecht des Herrn!«

Er hatte seine Wunden vergessen, seine Bitterkeit, seine Enttäuschung – der Messias war da! Er war sich

immer sicher gewesen, dass er diesen Tag erleben würde. Und jetzt wusste er auch: Er würde hier herauskommen und kämpfen, bis Gerechtigkeit hergestellt wäre. Er würde zum Heer des Davidsohnes gehören. Die Tage der Feinde Israels waren gezählt, und die Verräter wären bald zunichte gemacht!

Nun war nebenan die Stimme des alten Hirten wieder zu hören: »Frau, hör mir zu, der Himmel war offen, und die Menge der himmlischen Heerscharen umgab Gabriel und sang: ›Friede auf Erden den Menschen guten Willens!‹«

So überzeugend sprach der Alte, dass der Friede tatsächlich auf die Erde herabsank und das Gefängnis des Zeloten erfüllte. Es ergriff ihn eine göttliche Zärtlichkeit, die er noch nie gespürt hatte. Sein Zorn schmolz dahin. »Friede auf Erden den Menschen guten Willens!« Und welchem Ziel hatte er bisher gedient? Dem Krieg und nicht dem Frieden. Dem Hass und nicht dem guten Willen. Er begriff, wie nichtig all seine Mühen gewesen waren und wie er, ohne es zu wissen, immer gegen den Herrn gekämpft hatte, ganz wie Jakob, sein Vorfahre.

Verse, die er als Kind gelernt hatte, kamen ihm ins Gedächtnis, Sätze des Propheten Jesaja:

Denn jeder Stiefel, der mit Gedröhn dahergeht,
und jeder Mantel, durch Blut geschleift,
wird verbrannt und vom Feuer verzehrt.
Denn uns ist ein Kind geboren,
ein Sohn ist uns gegeben,
und die Herrschaft ruht auf seiner Schulter;

und er heißt Wunder-Rat, Gott-Held,
Ewig-Vater, Friede-Fürst.

Die Stimme des Propheten

In der Stille, die sich wieder ausgebreitet hatte, betete der Zelot nun, und alles auf der Erde schien mit ihm zu beten. Seine Seele war ruhig, seine Erwartung ohne Ungeduld. Nur eine Frage war ihm geblieben: »Wenn der Messias der Friede-Fürst ist, wie, oh Gott, wird er dann Israel inmitten dieser gewalttätigen und mörderischen Welt retten?«

Draußen war die Nacht fortgeschritten, und die Sterne verloren schon ihren Glanz im anbrechenden Morgen. Die Antwort ließ sich durch eine seltsam fremde Stimme hören. Kehlig und geheimnisvoll ertönte sie aus dem nahen Stall: »Wir kommen aus dem tiefen Orient. Ein Stern hat uns gerufen, den neugeborenen König der Juden anzubeten, den Messias Israels, denn die Verheißung gilt auch uns, den Heiden, und allen, die noch fern sind, die große Zahl derer, die der Herr noch rufen wird.«

Und wie ein Echo antwortete die tiefe Stimme des Zeloten:

Es wird zur letzten Zeit der Berg, da
des Herrn Haus ist, fest stehen,
höher als alle Berge und über alle Hügel erhaben,
und alle Heiden werden herzulaufen, und
viele Völker werden hingehen und sagen:
Kommt, lasst uns auf den Berg des Herrn
gehen, zum Hause des Gottes Jakobs,

dass er uns lehre seine Wege und wir wandeln auf seinen Steigen!

Und die Stimme aus dem Orient antwortete:

Und du, Bethlehem Efrata, die du klein bist unter den Städten in Juda, aus dir soll mir der kommen, der in Israel Herr sei.

Und der Zelot sang:

Tröstet, tröstet mein Volk!
Er wird seine Herde weiden wie ein Hirte.
Er wird die Lämmer in seinen Arm sammeln
und im Bausch seines Gewandes tragen
und die Mutterschafe führen.

Die Stimme Gottes

Immer schwächer wurde der Zelot, und sein Gesang war nur noch ein kindlicher Singsang. Traum und Wirklichkeit vermischten sich, Visionen kamen und gingen vor seinen Augen. Er sah eine Herde, der ein Hirte vorausging. Der Hirte schien verletzt zu sein wie nach einer schrecklichen Schlacht, nicht gegen die Römer und die Anhänger des Herodes, sondern gegen einen Wolf, gegen Satan, den ewigen Feind der Menschen. Doch die Wunden des Hirten heilten die Wunden des Zeloten und auch alles Falsche seiner Vergangenheit... Die Tage des Hasses und der Gemetzel waren vergeben.

Dann sprach Gott, aber da war der Zelot schon in Seiner Gegenwart.

Als die Soldaten des Herodes am nächsten Morgen blutrünstig und angestachelt durch das Versprechen, plündern zu dürfen, die Höhlen von Bethlehem erreichten, waren diese leer: Das Stroh in der Krippe trug noch den Abdruck eines leichten Kinderkörpers, und der Stall schien noch erfüllt von dem Geheimnis der großen Nacht, das er gesehen hatte. Die wenigen einfachen Gebrauchsgegenstände, mit denen er ausgestattet war, schmückte die Würde von Dingen, die einem König gedient haben. Aber Josef, den ein Engel gewarnt hatte, war mit Maria und dem Kind entkommen.

Und auch in der Nachbarhöhle war ein Mensch entkommen, doch die Freiheit des Zeloten war von ganz anderer Art als alles, was er sich erträumt hatte. Frei von Sünde, frei von Hass und befreit von Feinden war er in das neue Israel eingetreten, dessen Grenzen durch die Kraft des Messias nun die ganze Welt umfassten – zum Heil aller, die glaubten.

Die Soldaten, die endlich die schwere Tür aufgestemmt hatten, fanden nur einen toten Körper, den Körper eines Siegers.

* * *

Der Hotelier von Bethlehem

Zur »Kulisse« der folgenden Geschichte

Noch einmal geht es um Geiz und die Verweigerung von Gastfreundschaft, aber die Geschichte, die André Trocmé hier erzählt, spitzt das Thema so weit zu, dass klar wird, wie lebensfeindlich, ja absurd es ist, sein Herz um des Gewinns willen zu verhärten.

Im März 1939 schrieb André Trocmé einen Artikel für das »Echo de la montagne« (»Bergecho«), die regionale Kirchenzeitung der reformierten Gemeinden im Zentralmassiv. Obwohl der Zweite Weltkrieg zu diesem Zeitpunkt noch gar nicht ausgebrochen und Frankreich noch nicht besetzt war, rief er seine Leser schon damals äußerst hellsichtig zur Solidarität mit den Opfern der nationalsozialistischen Ideologie des Nachbarlandes auf:

> *»Darum sollt ihr auch die Fremdlinge lieben; denn ihr seid auch Fremdlinge gewesen in Ägyptenland.«*

> *Diese Mahnung an die Israeliten (5. Mose 10,19) überrascht durch ihre Aktualität und trifft gerade uns, die reformierten Christen, die wir, wenn auch nicht alle von*

unserer leiblichen Herkunft, so doch von unserer geistlichen Herkunft von den Hugenotten abstammen, die im 17. und 18. Jahrhundert als Verfolgte fliehen mussten.

Erneut werden nun Menschen auf schreckliche Weise verfolgt: Hunderttausende – Christen, Juden, Demokraten – versuchen, der Unterdrückung und Gewalt zu entkommen. Doch nur einem kleinen Teil der Verfolgten ist eine Flucht überhaupt möglich, denn viele von ihnen besitzen nichts mehr, und die freien Länder öffnen ihre Türen kaum einen Spalt breit. Wir verweigern den meisten, die hier bei uns als Flüchtlinge Aufnahme finden, das Recht auf Arbeit, wir verdammen sie zum Nichtstun und oft auch zur Obdachlosigkeit. Manche von ihnen befinden sich zurzeit wegen eines offensichtlich abstoßenden Verbrechens im Gefängnis: Sie wollten nicht länger betteln und Hunger leiden und haben deshalb gearbeitet. Andere, Verzweifelte, lassen sich tatsächlich durch Kriminalität oder den Wahnsinn des Suizids verführen.

Mitten in der Brutalität und Gleichgültigkeit unserer Umgebung sind wir als Christen jetzt gefragt, wir, die wir die Stimme des Meisters und Retters hören:

»Denn ich bin hungrig gewesen, und ihr habt mir zu essen gegeben. Ich bin durstig gewesen, und ihr habt mir zu trinken gegeben. Ich bin ein Fremder gewesen, und ihr habt mich aufgenommen.«

Dennoch ist die Geschichte, die André Trocmé erzählt, alles andere als finster. Nicht nur durch ein versöhnliches Ende, auch durch Fußnoten zum »modernen Hotelwesen in der Schweiz oder anderswo« versetzt André Trocmé dem Leser kleine, freundliche Nadelstiche: Lass dich nicht weihnachtlich einlullen, liebe Leserin, lieber

Leser. Diese Geschichten spielen in einer längst vergangenen Zeit, aber sie sind nicht gemütvoll-harmlos. Gib Acht, denn das menschliche Herz hat sich offenbar in den letzten 2000 Jahren kaum geändert...

Und könnten nicht eigentlich wir, siebzig Jahre später, im Blick auf unseren Umgang mit denen, die an Türen der »Festung Europa« klopfen, ebenso leicht aktualisierende Fußnoten verfassen?

Der Hotelier von Bethlehem

Der Hotelier von Bethlehem wurde von einem starken Licht geweckt, das plötzlich den Raum erfüllte und ihn aus dem Schlaf riss. Er dachte, der Morgen sei angebrochen, stand auf und bemerkte erst dann verblüfft, dass das Licht aus dem Norden kam.

»Ich werde meinen Sohn wecken«, sagte er sich, »damit er dieses Schauspiel auch ansehen kann.«

Aber Naftali, sein Sohn, war nicht in seinem Zimmer. Es kam hin und wieder vor, dass der Zehnjährige grundlos verschwand. Unruhig und ohne sich wieder schlafen zu legen, verbrachte sein Vater den Rest der Nacht wartend.

Gegen sieben Uhr morgens, als der Sohn endlich nach Hause kam, sagte der Vater ärgerlich: »Was hast du gemacht? Du stinkst nach Schaf!«

»Ich war die ganze Nacht auf den Feldern, mit meinen Freunden, den Hirten. Wir haben Engel gesehen! Der Messias ist geboren – in dieser Nacht, in einem Stall am Ende des Dorfes!«

Der Vater ließ sich von seinem Sohn zum Stall führen. Er sah, aber er glaubte nicht.

»Ist das nicht wunderbar?«, fragte ihn sein Sohn auf dem Heimweg voller Begeisterung.

»Naftali, mein kleiner Kämpfer, hüte dich vor der Begeisterung der Jugend und vor der Einfalt deiner Freunde, der Hirten. Der Messias wird in Bethlehem geboren werden, das stimmt. Aber er wird ein Nachkomme des Königs David sein. Die Eltern von diesem neugeborenen Kind sind dagegen nichts anderes als galiläische Bettler, denen ich gestern Abend die Tür weisen musste.«

»Was?!«, unterbrach ihn Naftali empört. »Du hast dich geweigert, den Messias aufzunehmen?«

»Mein Sohn«, antwortete der Hotelier, »er ist nicht der Messias. Wenn du groß bist, wirst du an meine Stelle treten und unser Hotel führen, und dann wirst du sehen, dass ein Hotelbetrieb keine diakonische Einrichtung ist. Wenn du Landstreicher und andere Leute ohne Geld aufnimmst, wird sich das schnell herumsprechen, und im Nu ist dein Hotel voller Barfüßiger, die die zahlenden Kunden vertreiben. Wirf mir bitte nicht vor, hartherzig zu sein. Ich erkenne auf den ersten Blick, wer zahlen kann und wer nicht, und wenn einer kein Geld hat, dann sage ich eben, dass kein Zimmer frei ist.«[1]

---

1 Man beachte, wie hellsichtig dieser Mann im ersten Jahrhundert die Prinzipien des modernen Hotelwesens erfasste, sei es in der Schweiz oder anderswo.

So endete an diesem Morgen das Gespräch von Vater und Sohn.

Einige Tage später standen die Weisen aus dem Morgenland vor der Tür des Hotels. Der Hotelier empfing sie mit unzähligen Verbeugungen und gab ihnen die besten Zimmer.

»Vater«, fragte Naftali, »wie kommt es, dass du den Messias nicht aufnimmst, aber für die, die gekommen sind, um ihn anzubeten, Zimmer hast?«

»Mein Sohn«, sagte der Hotelier, »das ist eine Frage des Gepäcks. Die Weisen sind hier mit großem Gefolge angekommen: mit Dienern, Kamelen, Eseln, die Schätze tragen ... Hüte dich vor Gästen, die ohne Gepäck reisen. Sie verschwinden frühmorgens, ohne die Rechnung bezahlt zu haben. Bemühe dich lieber um Reisende, die viele Kisten und Koffer dabei haben. Das sind die guten Kunden.«

Die Weisen reisten ab, die Soldaten des König Herodes reisten an. Mit ganz und gar durch das Militär geformtem Gewissen ermordeten sie Bethlehems Kinder. Die Dorfbevölkerung spuckte aus, wenn sie einen Soldaten sah, aber der Hotelier führte die Offiziere in die Zimmer, die die Weisen soeben verlassen hatten.

»Vater«, fragte Naftali, »wie kann es sein, dass du die Feinde des Messias aufnimmst, wo du doch bis eben noch seine Freunde beherbergt hast?«

»Mein Sohn«, antwortete der Hotelier, »wenn man unseren Beruf ausübt, macht man keine Politik. Wenn ich jeden Gast nach seinen Auffassungen befragen würde, wäre unser Haus bald leer. Ich gebe mir deshalb alle Mühe, damit jeder sich wohlfühlt. Ein Hotel zu führen, das heißt auch, neutral zu bleiben.«[2]

Drei Jahre später starb König Herodes, und sein aufgebahrter Leib wurde mit großem Pomp nach Bethlehem gebracht, gesäumt von fünfhundert bedeutenden Männern, die die Fackeln trugen. Fünf Stadien, also etwas mehr als fünf Kilometer südlich der Stadt wurde er im Herodion bestattet. Der Hotelier empfing König Archelaus, Herodes' Sohn, der den Trauerzug angeführt hatte, mit seinem ganzen Gefolge und sorgte für ein großes Festmahl.

»Vater«, fragte Naftali, »bist du nicht ein jüdischer Patriot? Wie kannst dich vor Menschen verbeugen, die zur Familie des Herodes gehören, diesen Gewaltherrschern, die keine Skrupel haben, das Volk zu unterdrücken und zu massakrieren, um das Kommen des Messias zu verhindern?«

»Mein Sohn«, antwortete der Hotelier, »wenn bedeutende Persönlichkeiten in meinem Hotel übernachten, ist das immer gut für den Ruf des Hauses. Ich werde an der Zimmertür des Königs Archelaus ein Schild anbrin-

2 Vgl. Fußnote Nr. 1.

gen lassen, und fortan werden alle Snobs[3] von Jerusalem und Cäsarea in diesem Zimmer schlafen wollen.«

Jahre vergingen. Naftali wurde ein Mann, aber er heiratete nicht. Er half seinem Vater und wurde ein hervorragender Hotelier. Außerhalb der Arbeit sprachen die beiden Männer jedoch kein einziges Wort miteinander. Was gesagt werden musste, hatten sie gesagt. Während der Hotelier reich und immer reicher wurde, erwartete sein Sohn mit wachsender Ungeduld, dass der Messias erscheinen und sein Volk zum letzten Kampf versammeln möge.

* * *

Als er 65 Jahre alt wurde, rief der Hotelier seinen Sohn zu sich und sagt ihm in feierlichem Ton: »Mein Sohn, ich bin jetzt ein alter Mann, und du bist vierzig Jahre – nimm alles, was ich habe: meine Güter, mein Hotel, meine Rücklagen und meine Dienerschaft. Es gehört alles dir! Ich ziehe mich in ein anderes Haus zurück.«

»Vater«, antwortete Naftali, »ich weiß deine Großzügigkeit zu schätzen, aber ich kann dein Erbe nicht annehmen. Ich habe soeben erfahren, dass der Messias am Ufer des Jordans aufgetreten ist. Morgen früh werde

3 Der Autor entschuldigt sich, das griechische Wort für »Snob« nicht zu kennen, ist sich aber sicher, dass es bereits zur Zeit Jesu Snobs gab.

ich aufbrechen, um mich den Partisanen anzuschließen, die ihm folgen.«

Der Vater antwortete mit einem Wutausbruch: »Seit fünfundvierzig Jahren arbeite ich nur für dich! Wenn du nicht meine Nachfolge antrittst, ist alles, was ich getan habe, umsonst gewesen!«

»Seit dreißig Jahren diene ich dir ohne Murren«, erwiderte Naftali, »und dabei habe ich seit jener Nacht, in der du den Messias zurückgewiesen hast, nichts mehr mit dir gemein.«

»Du bist verrückt! Ein Träumer, ein Idiot!«, schrie der Vater in seiner Wut. »Stolz und nachtragend bist du außerdem. Hau ab! Verschwinde! Und setze nie mehr einen Fuß in dieses Haus! Ich verfluche dich!«

»Du hast recht, Vater«, sagte Naftali. »Ich verschwinde, und ich werde nie mehr einen Fuß in dieses Haus setzen. Und ich werde auch nie nur einen Cent von einem Mann nehmen, der wie du vom Dämon des Geldes besessen ist.«

Sagte es und ging.

Einige Tage später, mitten in der Nacht, stand ein samaritanischer Händler vor der Tür des Hotels und bat um ein Zimmer für sich und einen Verletzten, den er ohnmächtig, nackt und mit von Schlägen geschwollenem Gesicht auf seinem Esel hergebracht hatte.

Der Hotelier verweigerte ihnen die Aufnahme.

»Ich bin ein frommer Jude, und als solcher habe ich mit Samaritern nichts zu tun. Und außerdem würde dieser Mann mir nur die Bettwäsche ruinieren.«

Und schon schickte er sich an, die Tür zu schließen.

»Ich gebe dir zwei Denare pro Nacht«, sagte der Samariter und drückte sie dem Hotelier gleich in die Hand. Zwei Denare – das war das Doppelte des üblichen Preises.

Das Geld tat prompt seine Wirkung. Der Hotelier machte die Tür weit auf und brachte die beiden Männer in dem Zimmer unter, das bis vor kurzem das Zimmer seines Sohnes gewesen war.

Als er am nächsten Tag ein wenig später als sonst aufstand, erfuhr er von einem seiner Diener, dass der Samariter bereits abgereist sei, in einem Monat aber wiederkommen wolle, um die Rechnung zu bezahlen. Der Hotelier ging in das Zimmer, in dem der Verletzte noch sein musste, und erkannte trotz der geschwollenen Gesichtszüge, dass auf dem Bett seines Sohnes – sein Sohn lag! Leise, aber mit einem triumphierenden Lächeln zog er die Tür wieder zu. »Gott hat mich nicht vergessen«, sagte er zu sich selbst. »Er hat meinen Sohn gedemütigt und ihn mir nach Hause zurückgebracht. Ja, er musste kapitulieren und sich unter die starke Hand seines Vaters beugen!«

Als Naftali aus seiner Benommenheit erwachte und erkannte, dass er in seinem eigenen Zimmer lag, verhärtete sich sein Herz, und er beschloss, diesem Haus so bald wie möglich wieder zu entfliehen. Aber schon die kleinste Bewegung schmerzte so, dass er vor Schmerzen schrie. Sein rechtes Bein verweigerte ihm vollkommen den Dienst.

Auf den Tag genau einen Monat nach seinem ersten Besuch erschien der Samariter wieder im Hotel – in der Hand eine Geldbörse mit sechzig Denaren, genau dem Preis, der für die dreißig Tage ausgemacht war, die der Verletzte hier verbracht hatte. Und der Hotelier, geradezu besessen von der Idee, einen Gewinn einstreichen zu können, zögerte nicht, das Geld anzunehmen, das ein Fremder ihm für die Pflege seines eigenen Sohnes zahlte. Doch es quälte ihn die Neugierde, und deshalb stellte er dem Samariter eine Frage:

»Warum bist du bereit, so eine Summe für einen Fremden auszugeben?«

»Woher weißt du denn, dass der Verletzte für mich ein Fremder ist?«, fragte ihn der Samariter. »Ob du es glaubst oder nicht: Er ist kein Fremder. Der Messias hat uns ermahnt, das Gesetz des Mose zu halten, und da heißt es: ›Liebe deinen Nächsten wie dich selbst.‹ Ich habe diesen Verletzten, den ich am Straßenrand zwischen Jerusalem und Jericho liegen sah, deshalb als meinen Sohn betrachtet. Ich habe zwar bereits einen Sohn – einen leiblichen Sohn –, aber warum sollte dieser hier nicht auch mein Sohn sein, wenn Gott es so will?«

Ohne es zu wissen, traf der Samariter mit seinen Worten mitten in das Herz des Hoteliers. Der alte Mann wankte, aber dann schaffte er es doch, sich nichts anmerken zu lassen, und sagte mit einem ironischen Ton in der Stimme: »Ja, dann schau nach deinem Sohn, wenn du ihn schon als solchen betrachtest!«

»Wer bist du?«, fragte Naftali, als er sah, dass ein Unbekannter sich seinem Lager näherte.

»Ich bin der Mann, der dich halbtot aufgelesen hat, als du am Weg zwischen Jerusalem und Jericho lagst. Ich habe dich hierher gebracht.«

»Du hast mich zu meinem Vater gebracht – diesem Vater, den ich hasse! Warum hast du mich nicht im Graben sterben lassen?«

»Der Hotelier ist dein Vater!?«, rief der Samariter ungläubig. Und still für sich dachte er: Kann es wahr sein, dass er für die Pflege seines eigenen Sohnes Geld genommen hat?

»Ja, aber ein Vater, den ich hasse, denn er ist stolz, unersättlich, was Geld angeht, hartherzig gegenüber den Armen und taub gegenüber der Botschaft des Messias.«

»Du liebst also den Messias?«, fragte der Samariter.

»Ich hatte alles verlassen, um mich ihm am Jordan anzuschließen, als die Räuber mich auf dem Weg dorthin zusammengeschlagen haben«, antwortete Naftali.

»Sei nicht traurig«, sagte da der Samariter, »ich bin auch ein Jünger des Messias. Ich werde dich zu ihm bringen – heute noch. Steh auf!«

Aber statt aufzustehen, schlug Naftlai die Bettdecke zur Seite und zeigte sein geschwollenes, verdrehtes, nutzlos gewordenes rechtes Bein. »Bei dem Überfall haben sie mir das Bein gebrochen, und es ist nicht wieder richtig zusammengewachsen. Der Messias braucht starke Männer, Kämpfer, die Waffen tragen können, um Israel zu befreien. Was soll er mit mir anfangen? Ich bin zu nichts mehr nütze.«

Ohne zu antworten, nahm der Samariter die Hände des Verletzten und legte sie um seinen Nacken. Sanft zog er ihn so aus dem Bett und setzte seinen Fuß auf den Boden.

»Hab keine Angst, mein Sohn«, murmelte er währenddessen nah an seinem Ohr, »der Messias braucht keine Krieger. Er ist der Friedefürst, von Herzen sanft und demütig. Komm! Er braucht Arme und Krüppel wie dich. Manchmal heilt er sie, manchmal setzt er sie so ein, wie sie sind, denn seine Kraft zeigt sich in den Schwachen.«

Gestützt vom Samariter humpelte Naftali durch den Flur des Hotels. Von seinem Vater verabschieden wollte er sich nicht.

Doch der Samariter flüsterte ihm zu: »Wir verlassen dieses Haus nicht, ohne dass du deinem Vater vergeben hast. Der Messias kann nur Menschen gebrauchen, denen vergeben ist und die vergeben haben. Wenn du mit deinem Vater nicht im Reinen bist, kann der Messias nichts mit dir anfangen.«

So standen sie denn im Zimmer des Hoteliers. Der kniete am Fußende seines Bettes, und weil er die Geldbörse mit den sechzig Denaren mit Wucht gegen die Wand geworfen hatte, lagen die Geldstücke überall verstreut auf dem Fußboden.

Naftali berührte sanft die Schulter seines Vaters. Seiner tiefen und rauen Stimme hörte man an, dass es ihn Überwindung kostete, als er sagte: »Vater, ich bitte dich um Vergebung!«

Einen Moment geschah nichts.

»Mein Sohn«, antwortete dann der Vater, »ich bin es, der Unrecht getan hat. Ich habe dich verflucht, ich war völlig verrückt, verblendet, besessen von Stolz und Geld. Aber der Samariter hat für dich bezahlt, er, der nicht dein Vater ist ... ach ..., verzeih mir, mein Sohn!«

»Steh auf, Vater!«, sagte Naftali. »Es gehört sich nicht, dass ein Vater vor seinem Sohn kniet.«

»Suche den Messias«, sagte der Hotelier und richtete sich auf, »ich halte dich nicht mehr zurück. Im Gegenteil, ich schicke dich zu ihm. Ich verfluche dich nicht, ich segne dich.«

Und er legte die Hände auf den Kopf seines Sohnes.

Als der Hotelier kurz darauf sah, wie sein Sohn auf den Esel stieg und sich, gestützt auf den Samariter, vom Haus entfernte, besuchten endlich auch ihn die Weihnachtsengel. In einer plötzlichen Erleuchtung wusste er, was er mit seinem Geld machen würde: Sein Haus sollte eine Herberge für die Armen in Israel sein, für die Unglücklichen aus Samarien und für die Heimatlosen aus Orient und Okzident. Sie alle sollten in Bethlehem Zuflucht finden. Ob diese Vision das Leben eines einzelnen Mannes, der Vergebung erlebte, überdauern kann?

* * *

Dreißig Jahre nach der Heiligen Nacht

Zur »Kulisse« der folgenden Geschichte

Unser modernes Leben wird häufig als »multioptionales Leben« charakterisiert: Wir sehen uns täglich einer Vielzahl von Möglichkeiten gegenüber, von der Wahl zwischen dreißig Joghurtsorten bis zur wohlgemeinten Aufforderung, doch ein Leben zu wählen und zu führen, das zu uns passt, also »uns selbst immer wieder neu zu erfinden«.

Diese Art zu denken und sein Leben (anscheinend) selbst zu lenken, und zwar so, dass es »gelingt«, ist natürlich sehr modern und den biblischen Geschichten ganz fremd. Dort gibt es noch die alte Vorstellung von einer Berufung – eine Vorstellung, von der immerhin das Wort »Beruf« in unserer Sprache übrig geblieben ist, auch wenn es zunehmend durch »Job« ersetzt wird. Gott ruft den Menschen zu einer bestimmten (Lebens-)Aufgabe, und der Mensch muss auf diesen Ruf antworten. (In diesem Sinne schließt also auch die altmodische Vorstellung der Berufung die Verantwortung für das eigene Leben nicht aus.) In vielen biblischen Geschichten ähnelt dieser Ruf weniger einer wundersamen Erleuchtung oder einem Aha-Erlebnis als einem dringenden Imperativ: »Das ist deine Aufgabe! Geh!« Die süße Qual der Wahl in einer multioptionalen Welt sieht anders aus.

Am 5. September 1939, vier Tage nach Ausbruch des Zweiten Weltkriegs, nimmt André Trocmé Papier und Stift und schreibt eine mehrseitige »Klarstellung«. Was auch immer die nächsten Monate bringen werden und wer auch immer eines Tages diese Blätter in die Hände bekommen wird – Trocmé möchte, dass ein paar Dinge zu seiner Person und seiner Rolle jenseits aller Gerüchte und Vermutungen später einmal nachzulesen sind. Unter anderem schreibt er:

»Ich bin ein Diener, der von Kind an Befehlen gehorcht hat, die er empfing. Alles Exaltierte ist mir fremd. Ich habe niemals Visionen gehabt. Alles in meinem Leben und in meinem Kopf ist an seinem Platz. Ich bin kein außergewöhnlicher Mensch: Ich habe eine Frau, vier Kinder und materielle Sorgen. Ich leide an Fehlern und charakterlichen Schwächen wie alle anderen auch. Ich glaube nicht, besser zu sein als andere. Wie alle Menschen trage auch ich meinen Teil Verantwortung an der Entstehung von Kriegen.«

Aber Trocmé hält auch fest: *»Ich glaube, dass manchen Menschen ein besonderes Schicksal zugedacht ist. Ihr Leben ist so vorgezeichnet, ganz unabhängig von dem, was sie selbst möchten. (Man sucht sich nicht seine Mutter aus.) Sie müssen sich diesem Schicksal bis an* *sein Ende stellen – und dabei versuchen, sich dem göttlichen Willen freudig zu unterwerfen.«* Und: *»Für mich stellte sich nur die Frage nach dem alles oder nichts. Entweder hätte ich meinem Land, zu dem ich gehöre, alles geben müssen: nicht nur meinen Leib, sondern auch meine Seele und meinen Geist. Dem Vaterland in allem gehorchen, aus meinem Gewissen ein Offiziersgewissen machen, alles tun, was man mir befiehlt, im Frieden wie im Krieg. Dann aber auch auf den Glauben an Jesus Christus verzichten, an den Friede-Fürst, den Sohn Gottes, den Gewaltfreien, der sich kreuzigen ließ, weil er den Befehlen der Menschen seiner Zeit nicht Folge leisten wollte. Oder: alles Jesus Christus geben: meinen Leib, meine Seele, meinen Geist, und seinen Geboten gehorchen, ohne zu diskutieren, auch dem ›Du sollst nicht töten‹ und der Vergebung der Sünden. Ich habe den zweiten Weg gewählt.«*

In der folgenden Geschichte geht es um solch eine Berufung, um das Alles oder nichts, das über ein Schicksal entscheidet – scheinbar harmlos verpackt in die Geschichte von einem Jungen, der nicht weiß, ob er wirklich alles, also auch seinen Öl- und Honigkuchen, teilen soll.

Die »Klarstellung« wurde übrigens erst im Sommer 1974, vier Jahre nach Trocmés Tod, wiedergefunden und der Familie übergeben.

Dreißig Jahre nach der Heiligen Nacht

»Und dann?«

»Dann sind wir nach Hause zurückgekehrt. Auf dem ganzen Weg haben wir Gott gelobt und gepriesen für alles, was wir gehört und gesehen hatten.«

»Und danach?«

»Nichts danach. Das war die ganze Geschichte.«

Zum hundertsten Mal hatte Asa, der junge Hirte aus Bethlehem, seinen Vater gebeten, ihm doch noch einmal ganz genau zu erzählen, was damals, vor dreißig Jahren, in dieser himmlischen Nacht geschehen war, damals, als der Bote Gottes erschienen war und die Hirten zu dem Sohn des Josef geführt hatte ...

Asa war jung, aber nicht nur deshalb war er klein. Er war auch bucklig. Asa litt darunter, und seine Seele, wie es wohl oft bei kranken und schwachen Menschen ist, war begierig, von Gott zu hören. Trotz seines jungen Alters ging er regelmäßig in die Synagoge und unterhielt sich dort mit den frommen Männern über das Kommen des ersehnten Messias'.

Die Gelehrten machten sich lustig über seine Geschichte von den Hirten, die angeblich auf dem Feld eine Vision gehabt hatten. Aber Asa glaubte seinem Vater, einem einfachen und rechtschaffenen Mann. Es hätte Gott dem Herrn doch niemals gefallen, diesen Mann durch die Erscheinung von Gespenstern zu täuschen!

Auch an diesem Abend befragte Asa seinen Vater noch einmal: »Und der Sohn von Josef… Was ist aus dem geworden?«

»Seine Eltern haben ihn nach Nazareth in Galiläa mit zurückgenommen. Seitdem hat man nichts mehr von ihm gehört. Obwohl es ein paar Leute gibt, die behaupten, er sei ein Jünger von Johannes geworden, dem Sohn des Zacharias, und würde heute mit ihm zusammen im Jordan taufen. Andere erzählen, er hätte einen Blinden geheilt. Aber du weißt ja, wie schnell sich Gerüchte verbreiten…«

Während Asa seinem Vater zuhörte, tat er Stück für Stück die Mahlzeit in den Leinensack, die seine Mutter ihm für die Nachtwache vorbereitet hatte. Heute Nacht war er dran, die Schafe zu hüten, und seine Mutter, die ihn, den Schwachen, gern ein wenig verwöhnte, hatte für ihn einige schöne Feigen zur Seite gelegt, etwas Brot, einen getrockneten Fisch und auch ausnahmsweise – sorgfältig in ein Tuch gewickelt – einen Öl- und Honigkuchen, sein Lieblingsgebäck.

* * *

Beim Feld angekommen, fand Asa sofort die Mauer aus Feldsteinen wieder, die die Hirten sich hier als Windschutz gebaut hatten. Er zündete ein Feuer an, und als das Holz rot zu glühen begann, wickelte Asa sich in seinen langen Wollmantel, streckte sich auf dem Boden aus und hob seine Augen zu den Sternen im klaren Himmel über sich – dem Himmel, an dem vor dreißig Jahren seinem Vater Engel erschienen waren. Asa begann zu träumen.

Es war vollkommen still. Nur ganz in der Ferne heulte ein Rudel Schakale. Ganz nah blökte daraufhin ein ängstliches Lamm. Der kalte Wind strich über die Hügel. Langsam, ganz langsam zogen die Sterne über den Himmel.

Plötzlich ließ ein Geräusch Asa auffahren: ein Geräusch, als würde jemand auf steinigem Grund beim Gehen abrutschen. Die Gestalt eines Mannes wurde sichtbar, schwarz, dort vor dem Himmel. Asa sprang auf seine Füße, den Stab fest umschlossen in der Hand: »Wer bist du? – Was willst du von mir?«

Eine kräftige Stimme antwortete ihm: »Friede sei mit dir!« Dann, nach einer kurzen Weile: »Und du, mein Kind, wer bist du?«

»Das siehst du doch. Ich bin Hirte. Mein Vater ist aus Bethlehem, und ich hüte hier seine Herden.«

Der Unbekannte hatte sich ohne ein Wort hingehockt und einen Zweig genommen, um das Feuer wiederzubeleben. Im Schein der Flammen erkannte Asa einen jungen Mann mit regelmäßigen Gesichtszügen, einem kurzen Bart und Augen, die geradeheraus, ernst und gütig schauten. Asas Angst verschwand. Diesem Mann konnte er allem Anschein nach vertrauen.

»Sag mir, Fremder: Wer bist du?«, bat er.

Es verging eine ganze Weile, ohne dass der Mann antwortete. Dann erst sagte er, während er ins Feuer blickte: »Ich bin Hirte, genau wie du. Ich hüte die Schafe meines Vaters.«

»Du weißt, wie man Schafe hütet?«

»Ja, es ist mein Beruf; ich hab es gelernt, da unten, in Galiläa.«

»Stimmt es, dass es bei euch Wölfe gibt?«

»Ja, ein paar gibt es noch.«

»Und wie verteidigst du deine Schafe, wenn einer kommt?«

»Wir bauen aus Steinen eine Einzäunung, mit ziemlich hohen Mauern und einem Durchgang, durch den man hinein- und hinauskommt. Spät abends, bevor der Wolf kommen könnte, hole ich meine Schafe in die Einzäunung und lege mich vor den Durchgang. Ich bin dann die Tür.«

»Und Räuber? Gibt es die auch?«

»Ja, es gibt welche. Sie kommen von den Bergen herab und versuchen, über die Einzäunung zu klettern, um zu rauben, zu töten und zu zerstören. Aber ich kenne meine Schafe, und sie kennen mich. Sie würden niemals einem Fremden folgen.«

»Hier in der Gegend haben wir Glück«, sagte der Junge. »Solche Gefahren kennen wir nicht. – Aber sag mal: Wo ist denn deine Herde? Und warum bist du hier? Hast du deine Schafe alleingelassen?«

»Aber nein!«, antwortete der Mann. »Meine Schafe sind überall, auf der ganzen Welt, und mein Vater hat mich geschickt, um sie zu sammeln. Ich soll sie zu ihm bringen. Sie werden meine Stimme hören. Und dann wird es nur noch eine einzige Herde und einen einzigen Hirten geben.«

Asa wunderte sich über diese geheimnisvollen Worte, und doch klangen sie in seinem Inneren wie das Echo auf die Hoffnung, die er in sich trug.

»Stimmt das?«, fragte er nach. »Wird es nur noch eine Herde und einen Hirten geben? Und du wirst alle Schafe der ganzen Welt versammeln? – Wie soll das denn gehen?«

»Meine Schafe, das sind alle Menschen, die leiden«, antwortete der Hirte. »Du bist eins von ihnen, Asa. Um dich zu holen, bin ich heute Nacht gekommen. Hörst du nicht meine Stimme? Es ist die Stimme meines himmlischen Vaters. Willst du ihr folgen?«

Asa spürte, dass ihn etwas im Innersten anrührte. Der Blick des Fremden lag mit Liebe auf ihm, und er fühlte, wie die alte Angst des benachteiligten Kindes in seinem Herzen wie unter den Strahlen eines großen Lichtes schmolz. Gern wäre er aufgestanden, um sofort alles hinter sich zu lassen und diesem Unbekannten zu folgen.

»Wenn ich das richtig verstanden habe, willst du alle Menschen im Namen des Allmächtigen versammeln?

Aber das ist doch eine unmögliche Aufgabe! Weißt du nicht, dass sie böse sind und in die Irre geführt werden?«

»Doch«, sagte der Mann, »ich weiß es. Aber ich bin Der Gute Hirte, und wenn der Feind kommt, um meine Herde zu zerstreuen, dann werde ich mich erheben und mein Leben für meine Schafe geben.«

Der Gute Hirte war aufgestanden und hatte sein Gesicht mit ausgestreckten Armen zum Himmel erhoben. In der Dunkelheit erschien er Asa überwältigend groß. Es verging eine Weile, eine feierliche Zeit, in der der Hirte wie im Gebet versunken schien. Dann ließ er seine Arme nach unten gleiten, und sein lächelnder Blick senkte sich auf Asa. Seine Hand machte ein Zeichen, als wolle er sich verabschieden und gehen.

»Bleib!«, rief Asa mit ängstlicher Stimme und versuchte ihn zurückzuhalten. »Bleib bei mir, Guter Hirte, lass mich nie mehr allein!« Und dann fügte er an: »Du hast doch sicher Hunger. Ich werde dich nicht einfach so gehen lassen. Ich hab zwar nicht viel dabei, aber das, was ich habe, gebe ich dir.«

Der Gute Hirte hatte sich schon wieder gesetzt. Asa teilte mit ihm den Fisch und das Brot, danach die Feigen.

Als Asas Hand, ganz unten im Leinensack angekommen, den Öl- und Honigkuchen spürte, den seine Mutter gebacken hatte und den er wie alles andere teilen wollte, fühlte Asa plötzlich eine Kraft, die ihn zurückhielt. Wenn du auch den hergibst, flüsterte eine Stimme, dann lieferst du dich vollständig diesem Fremden aus. Dann gehörst du dir nicht mehr selbst, dann wirst du ihm schließlich alles opfern, selbst deinen Vater und deine Mutter.

Behalte wenigstens etwas für dich! – Die Hand im Leinensack zögerte.

Der Gute Hirte hatte sich erneut erhoben und war im Begriff aufzubrechen, während Asa dasaß, ohne eine Geste, die ihn hätte zurückhalten können. Jetzt trafen Asa Augen den Blick des Guten Hirten. Es war ein anderer Blick, ein trauriger, beinahe flehender Blick, während die Lippen des Fremden flüsterten: »Wer mir folgen will, der verleugne sich selbst und folge mir nach!«

Mit einem Satz sprang Asa auf, hielt ihm den Kuchen entgegen und rief: »Nimm, ich gebe ihn dir ganz! Behalte ihn, ich will ihn nicht mehr!«

Der Hirte nahm den Kuchen, brach ihn in zwei Teile und gab Asa die Hälfte. Dann standen sie nebeneinander und aßen, ohne ein Wort. Und nun geschah es, dass, während sie aßen, Asa sich auf eine wundersame Weise von einer neuen Kraft erfüllt fühlte. Der Gute Hirte hatte seine Hand auf Asas Kopf gelegt, und Asa spürte in seinem Körper, dass er von seiner Krankheit geheilt war – und nicht nur von ihr, auch von allem Bösen, das in ihm war, von aller Sünde, die in diesem Moment weggenommen, abgewaschen, verbannt wurde.

In seinem aufgewühlten Herzen erhob sich eine Stimme, und er rief: »Bist du nicht der Messias, der Sohn Josefs?!« Doch da war der Fremde schon verschwunden.

Am Morgen des folgenden Tages kehrte Asa, der kleine Hirte, der einen Buckel gehabt hatte, zu seinem Vater zurück. Sein Körper war geheilt, und auf dem ganzen Weg lobte und pries er Gott für alles, was er gehört und gesehen hatte. Bald schon machte er sich wieder auf, um Jesus zu finden und sein Jünger zu werden.

* * *

Herodes XXI.

Zur »Kulisse« der folgenden Geschichte

Diese Geschichte fällt aus dem Rahmen, nicht nur, was die Zeit ihrer Entstehung angeht. Das genaue Datum kennen wir nicht, sicherlich aber wurde die Geschichte erst einige Jahre nach dem Ende des Krieges geschrieben. André Trocmé war inzwischen Pfarrer in Genf, also nicht mehr in Frankreich, sondern in der Schweiz – auch seine herausragende Rolle im Widerstand hatte seine Position innerhalb der Reformierten Kirche seiner Heimat nicht entscheidend verbessern können. In Genf erschien 1967 denn auch der bis dahin unveröffentlichte Text, und zwar in der Weihnachtsaugabe von »La vie protestante«, dem Monatsblatt der Reformierten Kirchen in der französischsprachigen Schweiz.

Als einzige Geschichte dieser Sammlung spielt sie nicht in der Vergangenheit, sondern in der Zukunft, im 21. Jahrhundert, das in der Nachkriegszeit in nebelhafter Ferne zu liegen schien – unserer Gegenwart. Über manches müssen wir deshalb schmunzeln: Hat man sich die Verkehrsmittel der Zukunft wirklich so vorgestellt? Anderes sind offensichtlich Nachklänge der Kriegszeit:

Wer einem Kind heute sagt, eine Stimme klinge wie die eines preußischen Offiziers, wird in ratlose Augen schauen. Damals hatten zumindest die Erwachsenen diesen Ton noch im Ohr und konnten ihn beim Vorlesen nachmachen.

Doch entscheidend sind nicht solche Kleinigkeiten, entscheidend ist die Sicht auf die Weltgeschichte, die in dieser Erzählung deutlich wird. Die Grauen und Ängste des Zweiten Weltkriegs waren überstanden, aber sie waren von neuen Ängsten abgelöst worden. Die Davongekommenen waren nicht plötzlich neue und bessere Menschen geworden, sie bedrohten einander schon wieder. Chemische und bakteriologische Waffen waren dazugekommen, die atomare Aufrüstung war ein einziger Albtraum. Magda und André Trocmé reisten in dieser Zeit nicht nur kreuz und quer durch Europa, sie besuchten auch die USA, Indien, Pakistan, Vietnam und Kambodscha. Überall warben sie für Frieden und Versöhnung. Ihr Anliegen war todernst und drängend – aber sie verloren darüber nicht den Humor. Das zeigt auch die Geschichte von Herodes XXI., die man sich zum Beispiel gut von einem Puppentheater gespielt vorstellen könnte. All diese »Großen« und »Wichtigen« sind zugleich von Ehrgeiz und Machtgier getriebene und deshalb unfreiwillig komische Gestalten, über die man laut lachen darf (und sollte).

Doch dann kommt das Ende – kurz und brutal, ein Ende, wie es modernen Kindern nur noch im Märchen zugemutet wird. Das Böse wird bestraft, da gibt es kein

Pardon und keine Worte, die es irgendwie schönreden. Und doch ist es zugleich ein tröstliches Ende: Die Apokalypse kommt. Aber sie führt die Welt nicht für immer ins Chaos und in den Untergang. Sie wird mit dem Zurechtrücken aller verdrehten Werte enden, mit Gericht und Gerechtigkeit. Weihnachten gibt einen Vorgeschmack davon.

Herodes XXI.

Seit dem Tod von König Herodes dem Großen, der kurz nach der Geburt Jesu starb, erlaubt der Herr der Geschichte, dass Herodes alle hundert Jahre wiedergeboren wird. Und immer ist Herodes in wenigstens einem Punkt ganz der alte: Er wacht so eifersüchtig über seine Machtposition, dass er nicht davor zurückschreckt, alle aus dem Weg zu schaffen, die ihm seinen Thron streitig machen könnten.

Und so lebte im 20. Jahrhundert ein Herodes XX. mit Namen Hitler.

Und so wird im 21. Jahrhundert ein Herodes XXI. erscheinen. Dies ist seine Geschichte, so wie man sie den Kindern des 22. Jahrhunderts erzählen wird:

Etwa in der Mitte des 21. Jahrhunderts setzte sich Herodes auf seinen Thron mitten in seinem Palast, der im Zentrum der Welt stand.

»Sir«, sagte sein Premierminister, »heute Morgen haben wir die Unterwerfung Ihrer letzten Feinde gemeldet bekommen: der Volapüks aus Patagonien. Damit hat

Ihre Hohe Politik zur Vollendung gefunden. Ihr glorreiches Imperium ist nun das einzige in der Welt, genauer: in diesem Sonnensystem. Schließlich haben unsere Astronauten nachgewiesen, dass es keine weiteren bewohnten Planeten gibt.«

»Es lebe König Herodes XXI.!«, rief der versammelte Hofstaat und warf sich zu Füßen des Herrschers nieder.

»Sir«, setzte der Premierminister seine Rede fort, »ich schlage vor, das Ihre Majestät ein jährlich und in der ganzen Welt zu feierndes Fest anordnet, das an die vollkommene Vernichtung aller unserer Feinde erinnert, dazu an die letztgültige Vereinigung der ganzen Menschheit unter der Autorität Ihres verehrten Zepters.«

Doch bevor Herodes sein Zepter als Zeichen der Zustimmung senken konnte, tauchte plötzlich der Polizeiminister vor seinem Thron auf – grün vor Eifersucht.

»Sir!«, schrie er. »Der Premierminister hat Sie belogen! Er hat den Feind im Inneren nicht genannt!«

»Wie heißt er?«

»Noël.«[1]

»Schlagt ihm den Kopf ab!«, befahl der Herrscher.

»Sir«, wandte der Polizeiminister ein, »das ist unmöglich, denn Noël hat tausend Köpfe. Außerdem ist Noël ein Geist, der sich im Herzen vieler Ihrer Untertanen

1 Anders als im Deutschen ist »Noël« (»Weihnachten«) auch als männlicher Vorname gebräuchlich (Anmerkung der Übersetzerin).

versteckt hält. Wie sollen meine Spione seiner habhaft werden? Er ist ein Geist der Liebe.«

»Ein Geist der Liebe!«, empörte sich Herodes. »Was stellen Sie sich denn vor, wie ich regieren soll – ich allein über die ganze Welt –, wenn es auch nur noch den geringsten Rest Liebe im Herzen eines meiner geringsten Untertanen gibt?! Noël muss zerstört werden! Wer von Ihnen schlägt mir einen Plan vor?«

Der Finanzminister trat vor. Korruptionsminister war die treffendere Bezeichnung für sein Amt, denn er war ein Meister in der feinsinnigsten aller Künste: dem Kauf von Gewissen mithilfe von Gold und Geld.

»Sir«, sagte der Finanzminister, »möge es Ihrer Majestät gefallen, mir zu erlauben, dass ich in der Nacht vom 24. auf den 25. Dezember diesen Jahres eine Weltlotterie veranstalte. Die Lose sollen nur einen Franc kosten, so dass jeder Ihrer Untertanen, vom Kind im Stubenwagen bis zur Großmutter im rollenden Ohrensessel, sich ein Los leisten kann. Die Staatskasse kann es sich dank meines umsichtigen Finanzgebarens erlauben, dass jedes Los gewinnt. Die Glücklicheren unter den Gewinnern werden einen interkontinental einsetzbaren Hubschrauber erhalten, die anderen zumindest ein Fahrrad mit Düsenantrieb. Solcherart von der Hoffnung auf Gewinn getrieben, werden Ihre Untertanen am Heiligen Abend aus den Kirchen eilen, um ein Los zu kaufen. Wenn dann der Geist von Noël merkt, dass man den Mammon dem Gott der Liebe vorzieht, wird er in den Herzen welken und verbleichen.«

»Ein exzellenter Plan!«, lobte Herodes. »Führen Sie ihn aus!« Schon senkte er das Zepter.

* * *

Am 31. Januar des folgenden Jahres versammelten sich der Hofstaat und die Minister um den König.

»Der Rapport!«, schrie der Premierminister mit der Stimme eines preußischen Offiziers.

Mit vor Stolz geschwellter Brust trat der Korruptionsminister nach vorn.

»Sir, mein Plan ist perfekt aufgegangen. Am Heiligen Abend waren die Kirchen leer. Sogar die Pfarrer verließen ihren Posten, um an der Weltlotterie teilzunehmen. Heute sind sie alle Besitzer von Interkontinental-Hubschraubern oder Düsentrieb-Fahrrädern, und Noël ist in ihren Herzen ein für allemal gestorben – umgebracht von den Reichtümern dieser Welt.«

»Hervorragend!«, rief der König. Er wollte gerade sein Zepter neigen, um den Korruptionsminister in ein höheres Amt zu befördern, als der Polizeiminister vor dem Thron auftauchte – grün vor Eifersucht.

»Sir«, schrie er, »der Korruptionsminister hat Sie belogen! Er hat Ihnen nicht gesagt, dass die Bethlämmer weiterhin Widerstand leisten.«

»Schlagt ihnen den Kopf ab!«, befahl der König mit dröhnender Stimme.

»Das wäre ein Fehler, Sir«, wagte der Polizeiminister einzuwenden. »Denn dann würden sie als Märtyrer sterben, genau wie die ersten Christen, und das würde unter

Ihren Untertanen den Geist von Noël nur neu erwecken. Was für Schafsköpfe sie sind, haben sie ja bereits bewiesen: Am Heiligen Abend saßen sie lammfromm in ihren Kirchen, statt an der Weltlotterie teilzunehmen. Und jetzt sind sie die einzigen Menschen auf diesem Planeten, die noch zu Fuß gehen!«

Und wo er schon dabei war, auf Missstände hinzuweisen, befahl der Polizeiminister auch gleich den Gardesoldaten: »Öffnen Sie die Fenster des Palastes!«

Ein schauriger Lärm von aufeinanderprallendem Blech und den Schreien der Verletzten drang an das Ohr des Königs, dazu die Flüche der Fahrer und das Martinshorn der Feuerwehr.

»Hören Sie nur, Sir, was der Korruptionsminister aus Ihrem schönen Königreich gemacht hat! Die Schnellstraßen des Himmels und der Erde sind von all den Kindern im Stubenwagen, die ihre Düsentrieb-Fahrräder lenken, und all den Großmüttern im rollenden Ohrensessel, die ihre Interkontinental-Hubschrauber lenken, so verstopft, dass das Wirtschaftsleben zum Stillstand gekommen ist. Unsere Weltgeschichtschronisten verzeichnen alle halbe Sekunde einen Unfall.«

»Schließt die Fenster!«, flehte der König.

»Sie sind in Ungnade gefallen!«, brüllte er dann in Richtung Finanzminister, der sich sogleich, rot vor Scham, zu seinen Füßen niederwarf.

»Wer kann mir eine bessere Idee vortragen?«

Der Informationsminister trat vor. Lügenminister war die treffendere Bezeichnung für sein Amt, denn er äußerte niemals etwas anderes als Halbwahrheiten.

»Sir«, sagte er, »mein Projekt sieht so aus: Befehlen Sie allen Ihren Untertanen, dass sie am nächsten 24. Dezember ausnahmslos und unter Androhung der Todesstrafe eine Kirche, eine Moschee, eine Synagoge, einen buddhistischen Tempel oder was auch immer besuchen müssen, um dort Weihnachten zu feiern. Dort werden ihnen dann die besten Propagandaredner in geschliffenen Worten erklären, dass es endlich, nach mehr als 2000 Jahren, zur Versöhnung zwischen Herodes und Jesus gekommen ist. Eine wunderbare Liturgie mit Musik, Düften, Gesängen und Prozessionen wird im Anschluss ihr Gewissen endgültig verwirren: Weil Herodes jetzt auf der Seite von Jesus Christus ist, hat Jesus den Forderungen der Bergpredigt ihre unannehmbaren Spitzen genommen. Es ist weiterhin verboten zu töten – außer wenn Herodes es befiehlt; zu stehlen – außer wenn die Interessen des Imperiums auf dem Spiel stehen; zu lügen – außer wenn es ganz offensichtlich notwendig ist … So werden wir Noël in den Herzen Ihrer Untertanen endgültig zum Verschwinden bringen – umgebracht durch Halbwahrheiten, Angst und Groll.«

»Ein exzellenter Plan!«, lobte Herodes. »Führen Sie ihn aus!« Schon senkte er das Zepter.

* * *

Am 31. Januar des folgenden Jahres versammelten sich der Hofstaat und die Minister um den König.

»Der Rapport!«, schrie der Premierminister mit der Stimme eines preußischen Offiziers.

Mit vor Stolz geschwellter Brust trat der Lügenminister nach vorn.

»Sir, mein Plan ist perfekt aufgegangen. Am Heiligen Abend waren die Kirchen, Moscheen, Synagogen, buddhistischen Tempel oder was auch immer brechend voll. Niemand war mehr zu Hause, kein Kind im Stubenwagen und keine Großmutter im rollenden Ohrensessel. Unsere Redner haben, verkleidet als Priester, Pfarrer, Rabbiner, Imame, Bonzen und Lamas, die Kinder der Wahrheit so sehr verwirrt, dass selbst der pfiffigste Ihrer Untertanen nicht mehr zwischen dem Geist von Noël und dem Geist von Herodes XXI. unterscheiden kann.«

»Hervorragend!«, rief der König. Er wollte gerade sein Zepter neigen, um den Lügenminister in ein höheres Amt zu befördern, als der Polizeiminister vor dem Thron auftauchte – grün vor Eifersucht.

»Sir«, schrie er, »der Lügenminister hat Sie belogen! Er hat Ihnen nicht gesagt, dass die Bewohner des Landkreises Andersmachingen, zu dem auch Bethlämmer gehört, weiterhin Widerstand leisten.«

»Schlagt ihnen den Kopf ab!«, befahl der König mit dröhnender Stimme.

»Das wäre ein Fehler, Sir«, wagte der Polizeiminister einzuwenden. »Denn dann würden sie als Märtyrer sterben, genau wie die ersten Christen, und das würde unter Ihren Untertanen den Geist von Noël nur neu erwecken.

Sie haben ja bewiesen, dass sie alles anders machen und sich vom Geist der Bethlämmer anstecken lassen: Sie sind einfach nicht in die Kirchen, Synagogen und so weiter geströmt, um das verlogene Weihnachtsfest zu feiern, das Ihr Informationsminister erfunden hat.«

»Sie sind in Ungnade gefallen!«, sagte der König zum Lügenminister und senkte sein Zepter. Der Minister warf sich sogleich, blau vor Erstaunen, zu seinen Füßen nieder.

»Wer kann mir eine bessere Idee vortragen?«

Der Kriegsminister trat vor. Todesminister war die treffendere Bezeichnung für sein Amt, denn er verbrachte all seine Zeit damit, tödliche Waffen zu erfinden, die in der Lage waren, restlos alles zu zerstören.

»Sir«, sagte er, »mein Projekt sieht so aus: Ihr Imperium hat die Menschheit vereint, und das ist schade, denn im Schatten des Friedensbaumes gedeiht die Blume der Liebe, also der Geist von Noël, während der Krieg Hass hervorbringt. Erst wenn Ihre Untertanen ganz von Hass erfüllt sind, wird die Liebe in ihren Herzen vernichtet sein. Und deshalb, Sir, brauchen wir einen Weltkrieg, der absolut jeden Ihrer Untertanen das Hassen lehrt. Ich fordere meine in Ungnade gefallenen Kollegen zu einem Wettstreit auf, den Korruptionsminister und den Lügenminister: Entzweit die Welt durch eine geschickte Propaganda in widerstreitende Parteien! Partei Nummer 1 soll die Partei der loyalen Untertanen des König Herodes sein. Partei Nummer 2 soll die Partei der sehr loyalen Untertanen des wahren König Herodes sein. Wir werden diese beiden Parteien mithilfe von Lüge, Angst, Korruption und Ressentiments gegeneinander aufbringen. Meine elektronischen Rechner haben herausgefunden, dass wir den Krieg der so angestachelten Parteien genau um Mitternacht des nächsten 24. Dezember ausbrechen lassen müssen, und zwar als atomaren, bakteriologischen und chemischen Krieg. Wir werden Laser einsetzen, um einen Todesstrahl loszuschicken, der achtzig Prozent Ihrer Untertanen vernichten wird. Aber es kommt noch besser: Militärpsychologen haben mir versichert, dass die zwanzig Prozent Überlebenden so vollkommen von Hass erfüllt sein werden, dass man von Ewigkeit zu Ewigkeit, oh König, das Wort »Noël« nicht mehr hören wird. Die Liebe wird tot sein und Herodes der einzige König. Im Übrigen«, ergänzte der Todesminister, »wird dieser Krieg nicht mehr als zwanzig Minuten dauern. Der Strahlenschutzkeller, den wir unter Ihrem Palast gegraben haben, wird dieser Belastung standhalten, und außerdem haben wir in jeder Stadt ganz ähnliche Schutzräume für dieböswilligsten Ihrer ergebenen Untertanen errichtet.«

»Ein exzellenter Plan!«, lobte Herodes. »Führen Sie ihn aus!« Schon senkte er das Zepter.

* * *

Am 31. Januar des folgenden Jahres hatten sich die radioaktiven Wolken verzogen, und Herodes, sein Hofstaat und seine Minister stiegen aus dem strahlensicheren Schutzkeller unter dem Palast herauf und versammelten sich in den Ruinen des Raumes, der einmal der Thronsaal gewesen war.

»Der Rapport!«, schrie der Premierminister mit der Stimme eines preußischen Offiziers.

Mit vor Stolz geschwellter Brust trat der Todesminister nach vorn.

»Sir, mein Plan ist perfekt aufgegangen. In der Heiligen Nacht hat ein zwanzigminütiger Krieg gewütet, achtzig Prozent der Menschheit sind vernichtet, und auch Bethlämmer und Andersmachingen sind vom Erdboden verschwunden. Noël ist tot, Sie allein sind König, und die zwanzig Prozent, die das Massaker überlebt haben, sind wirklich die böswilligsten Ihrer Untertanen.«

»Hervorragend!«, rief der König. Er wollte gerade sein Zepter neigen, um den Todesminister in ein höheres Amt zu befördern, als der Polizeiminister vor dem Thron auftauchte – grün vor Eifersucht.

»Sir«, schrie er, »der Todesminister hat Sie belogen! Er hat Ihnen nicht gesagt, dass die elektronischen Rechner falsch kalkuliert haben: Die Atombomben, die Bakterien, die chemischen Kampfstoffe, die tödlichen Strahlen – all das war sehr viel effektiver als gedacht. Keiner der Kellerräume in den Städten hat zwanzig Minuten lang Schutz bieten können. Alle Menschen sind tot, die Guten, ja, aber die Bösen auch! Wir sind jetzt allein auf der Welt, allein im Sonnensystem, und weil wir vergessen haben, unsere Frauen in den königlichen Schutzraum mitzunehmen, werden wir bald kinderlos sterben! Sie, König, haben die Welt verloren, wir sind alle verflucht!«

Der Polizeiminister sprach noch, als von Ferne eine fremd klingende Melodie ertönte, die langsam näher kam.

»Machen Sie diese Musik aus!«, befahl der König. »Sie tut in den Ohren weh. Und im Gewissen. Schluss mit Liedern und Musik!«

Aber es war niemand mehr da, der ihm gehorchte, und der Gesang näherte sich, schwoll an und erfüllte die ganze Palastruine. Jetzt konnte man sogar die Worte verstehen:

»Es ist ein Ros entsprungen
aus einer Wurzel zart ...
mitten im kalten Winter,
wohl zu der halben Nacht ...
davon Jesaja sagt ...
mit seinem hellen Schein
vertreibt's die Finsternis ...«

»Der Palast ist umzingelt!«, schrie jetzt der Polizeiminister. »Sie sind Hunderttausende! Ihr Wachen, jagt sie fort!«

Aber da waren keine Wachen mehr, die den König hätten beschützen können. Nur der engste Hofstaat war des Schutzes im Atomkeller würdig gewesen.

Und so kamen sie denn zu Hunderten, zu Tausenden, angetan mit langen weißen Kleidern, und sie stiegen einer nach dem anderen, langsam und ruhig durch die Palastruinen. Bald füllten sie den ganzen ehemaligen

Thronsaal. Ein alter Mann löste sich aus der Menge und näherte sich Herodes.

»Wer bist du?«, schrie Herodes. »Und wer seid ihr alle? Gespenster oder Lebende? Wie habt ihr den Krieg der zwanzig Minuten überlebt?«

»Sir«, antwortete der Alte, »wir sind die Bewohner von Bethlämmer und Andersmachingen, und uns haben sich tausende Christen aus aller Welt angeschlossen. Vor einundzwanzighundert Jahren hat unser Herr und Meister vorausgesagt: ›Wenn ihr aber hören werdet von Kriegen und Aufruhr, so entsetzt euch nicht. Und wenn ihr sehen werdet das Gräuelbild der Verwüstung stehen an heiliger Stätte, alsdann flieht auf die Berge!‹ Deshalb haben wir, als du, Schrecklicher, König wurdest, in den Bergen Verstecke vorbereitet. Und als sich das Kriegsgeschrei deiner Propaganda verbreitete, sind wir in die Höhlen geflohen und in tiefe Grotten, von denen frühere Generationen uns erzählt hatten. Der Krieg ist über uns hinweggegangen, über unsere Frauen und Kinder, ohne unsere Körper zu verletzen oder unseren Seelen Schaden zuzufügen, denn sie sind erfüllt vom weihnachtlichen Geist. Selbst wenn wir dich sehen, spüren wir nur Liebe, denn Christus ist gekommen, um Sünder wie dich zu erlösen.«

»Alter«, sagte Herodes erschüttert, »ich sehe, dass Noël gewonnen hat. Was muss ich tun?«

»Steig von deinem Thron«, sagte der Alte, »damit Jesus an deiner Stelle dort Platz nehmen kann.«

Und so stieg König Herodes weinend von seinem Thron, während sein Hofstaat sich an die Brust schlug.

Doch niemand kam, um sich auf den Thron zu setzen. Niemand, den menschliche Augen hätten sehen können. »Denn Gott ist Geist, und die ihn anbeten, die müssen ihn im Geist und in der Wahrheit anbeten.«

»Und die fünf Minister«, fragten die Kinder des 22. Jahrhunderts, »was wurde aus ihnen? Der Premierminister und der Korruptionsminister, der Lügenminister und der Todesminister und vor allem der Polizeiminister, der grün vor Eifersucht wurde!?«

»Das waren Satans Minister. Herodes hat es zu spät gemerkt. Aber als er seinen zornigen Blick auf sie warf, tat sich der Boden unter ihnen auf, und sie verschwanden mit einem großen Schrei. Nichts blieb als ein Loch im Boden.«

* * *

Das Holzscheit und das Streichholz

Zur »Kulisse« der folgenden Geschichte

Die erste Pfarrstelle, die dem weltgewandten Pfarrer mit seiner ebenfalls weltgewandten und außerdem polyglotten Frau zugeordnet wurde, befand sich in Sous-le-Bois, einer Arbeitervorstadt von Maubeuge, nicht weit der belgischen Grenze. Gießereien, Schmiedebetriebe und Hochöfen prägten das Bild der Stadt. Wer hier arbeitete, der tat es notgedrungen und weil er nirgends sonst Arbeit fand. Die meisten Bewohner von Soul-le-Bois blieben nur für einige Wochen oder Monate in Maubeuge, um mit dem Verdienten so schnell wie möglich wieder in ihre Heimat zurückzugehen – für viele hieß das: nach Italien und Polen.

Das Haus der Trocmés war eine ehemalige Gastschenke. Wenn man eintrat, stand man sofort im Wohnzimmer, dem ehemaligen Schankraum. Das Haus war feucht, und auf dem Fußboden im »Pfarrbüro« ging man schwankend, denn die Bohlen lagen lose auf dem gestampften Lehmboden. Einen Keller darunter, in den man hätte stürzen können, gab es zum Glück nicht.

Damals wie heute gab es in Frankreich keine Kirchensteuer. Die reformierten Pfarrer der armen Gemeinden lebten von den Geld- und Sachspenden, die in reicheren Gemeinden gesammelt wurden. Eine Rentenversicherung oder eine Familienbeihilfe fehlten ohnehin.

Die Gemeindearbeit der Trocmés bestand dementsprechend zu einem guten Teil aus Sozialarbeit. Magda, deren Muttersprache ja Italienisch war, unterrichtete Gastarbeiterfrauen aus ihrer Heimat – nicht etwa in Lesen, Schreiben oder gar Literatur, sondern in Säuglingspflege und Hygiene. André versuchte eine Suppenküche aufzubauen, scheiterte aber am Widerstand der Kommunisten, die meinten, durch Maßnahmen wie diese werde lediglich der Todeskampf des Kapitalismus verlängert; Arme solle man nicht speisen, sondern zum Kampf bewegen. Nur an Weihnachten gelang es der protestantischen Gemeinde, die gerade mal fünfzig Mitglieder zählte, die Alten des Vorortes mit Kleidung und Lebensmitteln zu versorgen.

Wenn André Trocmé in dieser Geschichte das Porträt einer armen Familie zeichnet, mag das für moderne Leser an sozialromantischen Kitsch grenzen – für die Trocmés war es das, was sie Ende der zwanziger Jahre in ihrer Gemeinde erlebten. Ihre Möglichkeiten, das Schicksal der Menschen um sie herum positiv zu beeinflussen, waren äußert bescheiden. Aber sie wollten doch »Streichhölzer« sein, auch und gerade an Weihnachten.

Wenn man bedenkt, dass André Trocmé diese Geschichte nicht in den zwanziger Jahren, sondern erst im Dezember 1960 zu Papier brachte, wird vielleicht auch noch eine andere Interpretation möglich: André war inzwischen ein altgedienter Pfarrer, der bald seinen sechzigsten Geburtstag feiern würde. Dreizehn Jahre seines Lebens hatte er in Le Chambon-sur-Lignon verbracht. Der Widerstand gegen die Nazis hatte ihn, seine Frau und das ganze Dorf berühmt gemacht, aber es war nur ein Abschnitt seines Lebens. Was von dem, was er in all den Jahren seines Dienstes getan hatte, würde bleiben? Wenn er diesem Gedanken folgte, sah er sich vielleicht nicht nur als Streichholz, sondern auch als das Holzscheit, das schon lange brannte, aber eines Tages zu Asche werden würde – doch nicht, ohne »in der Welt Glauben, Liebe und Wahrheit vermehrt« zu haben.

Das Holzscheit und das Streichholz

Es war einmal am Rande von Paris ein altes Häuschen, das war kalt, dunkel und halb verschimmelt, so feucht war es in seinem Inneren. In diesem elenden Quartier lebten drei Personen: ein Vater, eine Mutter und der zehnjährige Sohn der beiden. Der Vater hatte ein kaltes Herz und war ein Mensch ohne Glauben. Seiner Frau und seinem Sohn gegenüber war er grob und hart.

Der Mutter, die vor Jahren eine schöne junge Frau gewesen war, sah man an, dass das Leben ein hartes Joch auf ihre Schulter gelegt hatte und sie täglich mehr niederdrückte. Alles an ihr hatte sich verdunkelt, jede Hoffnung war von ihr gewichen.

Zwischen diesen beiden Menschen war der kleine Junge ohne Liebe aufgewachsen. Sein Gesicht hatte eine graue Farbe, und er konnte nicht spielen wie andere Kinder, denn über alles Elend hinaus war er von Geburt an beinahe blind.

In dem kleinen Haus ohne Feuer, ohne Strom und ohne Frischluft waren die Dinge wie die Menschen angefressen von Traurigkeit, und die Augen des Vaters, der Mutter und des Kindes waren in ihren tiefen Augenhöhlen erloschen.

* * *

Im Schuppen neben dem Haus lag ein großes Holzscheit. Genau neben dieses Holzscheit war ein kleines Streichholz gefallen. Das Holzscheit schlief dort seit Jahren, wie es Holzscheite so tun. Es war unbeweglich wie ein Stück Holz und auch genauso dumm. Das Streichholz dagegen mit seiner kleinen roten Kapuze war munter und witzig. An der Seite des Holzscheits langweilte es sich fürchterlich. Doch eines Tages bewegte es sich so lebhaft, dass es das Holzscheit aufweckte.

»Lass mich schlafen«, brummte das Holzscheit.

Das Streichholz lachte. »Von wegen schlafen: Eines Tages werde ich dir Feuer unter dem Hintern machen!«

»Feuer? Was soll das sein?«, fragte das Holzscheit verschlafen.

»Ho, ho, das wirst du erleben«, antwortete das Streichholz. »Feuer ist heiß, es leuchtet, und es hat reinigende Wirkung.«

»Du bist doch genauso aus Holz wie ich«, grummelte das Holzscheit. »Wie solltest du Feuer an mich legen?«

»Ha, ha, aber ich habe einen Hut, einen knallroten Hut, und der wird mich in ein leuchtendes Feuer verwandeln – und dich mit mir!«, sagte das Streichholz.

»Selbst wenn du dicht neben mir Feuer fängst, wirst du mich nicht mit in Brand setzen«, antwortete das Holzscheit mürrisch. »Dein Feuer dauert doch nicht länger als ein Blitz. Holzscheite sind Holzscheite, die Welt ist die Welt, die Menschen sind Grobiane, und niemand kann sie ändern. Du wirst dich vergeblich verzehren, und danach kehren die Dunkelheit, die Kälte und die Feuchtigkeit zurück, und alles ist wieder, wie es war.«

* * *

Es war aber dieser Abend der Heilige Abend. Der Mann wusste nichts davon, aber weil strenger Frost eingesetzt hatte, beschloss er, ein Feuer zu machen. Er nahm das Holzscheit, stellte es aufrecht vor sich hin, und als er sah, dass es ein gutes Stück Holz für ein ordentliches Feuer war, hieb er es mit der Axt in Stücke.

»Aua!«, schrie das Holzscheit, »das tut ja höllisch weh!«

»Ich habe auch gelitten, als man mich so klein gehobelt hat, wie ich heute bin«, säuselte das Streichholz. »Nur der Schmerz, der etwas von uns reißt, lässt uns die Dinge verstehen. Guck mal: Der Mann macht aus dem, was er von dir abgetrennt hat, Späne zum Anfeuern.«

* * *

Der Mann legte die kleinen Späne auf ein Bett aus zerknüllten Zeitungsblättern in den Kamin. Auf das Kleinholz legte er das Holzscheit. Die Frau und der Junge sahen zu. Dann rieb der Mann das Streichholz, und schon entzündete sich die kleine rote Kapuze, als würde sie in schallendes Gelächter ausbrechen. Das Streichholz verlosch sogleich wieder, aber bevor es starb, legte es noch Feuer an ein Eckchen Zeitung. Bald brannten die Zeitungsblätter mit hoher Flamme, aber bevor sie erstarben, hatten sie die Späne in Brand gesetzt. Und als die Hitze des Kleinholzes unaufhörlich stieg, leckten die feurigen Zungen am Bauch des großen Holzscheites. Sein schwerfälliges und schläfriges Wesen wurde plötzlich munter, harzige Gase ließen es anschwellen, und dann, auf einmal, als hätte eine Lokomotive sich in Gang gesetzt, begann es mit einem großen dampfenden Seufzer von einem Ende zum anderen zu brennen.

Das Streichholz war schon lange tot, als das Holzscheit immer noch brannte und eine wunderschöne Flamme Dunkelheit, Kälte und Feuchtigkeit verscheuchte. Die Flamme fand tief in den Augenhöhlen verborgen die kalten Augen des Mannes und zündete sie an. Die Augen gaben dieses Feuer dem Herzen des Mannes weiter, und es taute auf. Und die Wärme des Herzens ließ die große schwielige Hand eine ungewohnte Bewegung machen: Sie streckte sich nach der verkrampften Hand der Frau aus und umschloss sie sanft.

Nun erreichte die Flamme des Holzscheits auch die erloschenen Augen der Frau, und sie begannen zu leuchten wie die eines jungen Mädchens. Durch das Fenster der Augen erreichte das Licht das Herz der Frau, und die versiegte Hoffnung begann wieder zu fließen wie eine Quelle warmen Wassers. Und der Mund der Frau

begann Worte zu sprechen, die er schon vergessen hatte: »Komm«, sagte er zu dem Kind, »komm, setz dich auf meinen Schoß!«

Als sich das Kind auf dem Schoß seiner Mutter wie in ein Nest gebettet hatte, begann es zu weinen, und die Tränen und der Schein der Flammen wuschen die toten Augen, die wieder blau wurden wie der klare Himmel. Und mit diesen neuen Augen sah das Kind seine Mutter und seinen Vater, und es verstand zum ersten Mal, dass man auf dieser Welt lieben und geliebt werden kann.

Im Schoß der Mutter fanden sich die sechs Hände und umschlossen einander zum Gebet. Das Holzscheit war fast vollständig verbrannt, und der Widerschein der Glut, der die Decke des Zimmers rötlich malte, tat den Herzen gut. Das Haus war keine elende Hütte, das Holzscheit kein Holzscheit und die Menschen keine Grobiane mehr, weil ein Streichholz an einem Heiligen Abend ein Feuer entzündet hatte.

* * *

»Aber das Holzscheit, was ist denn aus dem Holzscheit geworden«, fragten die Kinder, die diese Geschichte gehört hatten.

»Das Holzscheit ... ja, es ist gestorben, genau wie das Streichholz, das Papier und die Späne vor ihm. So wie der Mann sterben wird, die Frau und der kleine Junge – nachdem sie in der Welt Glauben, Liebe und Wahrheit vermehrt haben. Doch im Kamin blieb ein Häufchen weißer Asche zurück, so leicht und fein, dass am Morgen des ersten Weihnachtstages, als der Mann die Tür öffnete, ein Lufthauch sie durch den Schornstein bis in den Himmel trug. Und als die Sonne aufging, da meinte die Asche zu spüren, sie würde flockenleicht und wie auf weißen Schwingen zum Stall von Bethlehem geweht.«

* * *

Die Karawane

Zur »Kulisse« der folgenden Geschichte

In der letzten Geschichte dieses Buches geht es um die Ersten und die Letzten, die Großen und die Kleinen, die Würdenträger und die Bürdenträger und damit letztlich um die Umwertung aller Werte, für die Weihnachten steht.

Auch diesmal erfindet André Trocmé eine Legende, doch er stellt sie hier in den Rahmen einer zweiten Geschichte, einer buchstäblich traumhaften Vater-Sohn-Geschichte. Typisch französisch ist dabei, dass alles auf einem Spiel mit Worten und Buchstaben beruht. Anders als im deutschen Sprachraum ist das geistreiche Spiel mit Worten in Frankreich nämlich so etwas wie ein Volkssport, und es macht Vater und Sohn offensichtlich Spaß, das phantasiereiche Zerlegen eines Wortes mit tieferer Bedeutung und einer geistlichen Perspektive zu verbinden.

Wieder sind es die Rangeleien der von ihrer eigenen Bedeutung Erfüllten, die sie dem Spott der Leser preisgeben. Wie wohltuend ist da die kleine Rede der selbstbewussten Maria, die den Wichtigtuern kurzerhand das Wort abschneidet und das Wesentliche auf den Punkt bringt. Sie gibt zum Ende dieser Geschichte und zum Ende dieses Buches einen Ausblick auf das Reich Gottes mit seiner völlig veränderten und unerhörten Weltordnung. Und damit auf mehr, als auch der phantasiereichste Vater und sein Sohn sich am Vorabend des Weihnachtsfestes erträumen können.

Die Karawane

Ich glaube, wir waren beide eingeschlafen. Mein kleiner Sohn hatte sich an diesem Vorabend des Heiligen Abends wie eine Katze auf meinem Schoß eingekringelt, und ich hatte vom großen Sessel aus in den offenen Kamin geschaut, in dem ein Holzscheit von den Flammen verzehrt wurde. Die Dinge, von denen ich nun erzählen werde, sind jedenfalls so ungewöhnlich, dass man wohl kaum glauben kann, wir hätten sie wirklich erlebt.

Es war also kurz vor Weihnachten, als mein Junge zu mir sagte:

»Ich möchte Jesus mein Herz schenken.«

»Das ist schön«, antwortete ich ihm. »Aber glaubst du, es wird ihm Freude machen? Was ist denn in deinem Herzen?«

Daraufhin nahm mein kleiner Sohn sein Herz aus der Brust – einfach so – und legte es in meinen Schoß. Es war eine große Kiste, die zwar die Form eines Herzens hatte, aber auch einen Deckel, der darauf saß und fest verschlossen war.

»Wie soll ich denn sehen, was in deinem Herzen ist? Es hat doch kein Schloss, um es zu öffnen.«

Mein kleiner Junge lachte: »Du musst das Herz schütteln!«

Ich schüttelte es. Es klang, als würden sich in einer Kalebasse harte und weiche Gegenstände bewegen.

»Ich hole einen Schraubenzieher«, sagte mein Sohn, und, als er zurück war: »Guck, der Deckel ist ganz fest zugeschraubt!«

Es war tatsächlich schwierig, das Herz meines kleinen Jungen aufzuschrauben, und es machte ihm Spaß zuzusehen, wie ich mich abmühte. Als der Deckel sich endlich hob, griff er mit der Hand in sein Herz und nahm etwas Erstaunliches heraus, genauer: ein erstaunliches Männlein. Es war nämlich eine kleine Person mit schlanker Figur und einem Turban auf dem Kopf, die auf einem Kamel saß. So perfekt gestaltet war sie, dass man hätte meinen können, sie sei lebendig. Doch sie bewegte sich nicht.

Mein Sohn stellte sie auf den Tisch.

»Wer ist das?«, fragte ich ihn.

»Das ist Balthasar«, sagte er.

»Balthasar?«

»Ja, der König meines Herzens, der Chef«, flüsterte er in mein Ohr und schmiegte sich dicht an mich. »Er ist es, der den Tanz anführt – wie sein Name sagt: Bal.[1] Und er ist stolz darauf.«

»Hast du denn noch andere Figuren in deinem Herzen?«

»Na, klar!« Mit Schwung holte mein Sohn die nächste Figur aus seinem Herzen.

»Guck hier, das ist Althazar, der Chef der königlichen Wache. Ihm gehorchen alle: meine kleinen Brüder, meine kleinen Schwestern, meine Schulkameraden, Mama und du –jedenfalls manchmal. Er ruft: ›Alt!‹, und alle bleiben stehen.[2] Und wenn sie ihm nicht gehorchen, wirft er sie ins Gefängnis. – Das ist meine Herrschsucht. Es macht mir manchmal Spaß, jemanden zu verhauen«, flüsterte er mir ins Ohr und stellte Althazar auf den Tisch: ein Soldat auf einem Streitwagen, der von zwei wunderschön geschmückten kleinen Pferden gezogen wurde, mit einer Lanze in der Hand.

»Und dann?«

»Hier kommt Thazar!«, sagte mein Sohn. »Thazar, das bedeutet thesaurus, und das ist Latein, sagt mein Lehrer. Thazar ist mein großer Schatzmeister und verteidigt alles, was mir gehört.« Thazar saß auf einem Pferd.

---

1 Das Wort (Tanz-)Ball schreibt sich auf Französisch mit nur einem L. Um das Wortspiel, auf dem diese Geschichte beruht, verständlich zu machen, übernehmen wir im Folgenden die französische Schreibweise von Balthasar: Balthazar.

2 »Alt!« (französisch) – »Halt!« (deutsch).

»Alle Schätze hat er hier, rechts und links, in den Satteltaschen. Und die haben ganz, ganz sichere Schlösser«, ergänzte mein Sohn. »Gold ist da drin, Parfüm, Schmuck und Edelsteine. – Das ist mein Geiz«, sagte er leise.

»Und jetzt hole ich Azar raus«, sagte er dann und wurde ein wenig rot. »Das ist mein großer Zauberer. Er sagt mir die Zukunft voraus, aber so, wie ich sie gern hätte. Wenn ich faul war und nicht gelernt habe, sagt er mir: ›Macht nichts! Du wirst zufällig genau die Frage bekommen, die du beantworten kannst.‹ – Ich nenne ihn auch meinen Phantasten.«

Azar war ein drolliges Kerlchen. Mit einem spitzen Hut auf dem Kopf und einer Brille auf der Nase saß er auf einer Sänfte, die auf den Schultern von vier Sklaven ruhte. Mein kleiner Junge kannte auch die Namen der Sklaven: Ablenker, Spaßkönig, Lachsack und Trödler. Er stellte Azar in eine Reihe hinter die beiden anderen auf den Tisch.

»Den hier kann ich nicht angucken, ohne zu lachen«, sagte er dann. »Es ist Zar. Weißt du, warum er sich selbst diesen Namen gegeben hat? Er glaubt, dass er ein sehr, sehr wichtiger Mann ist, der die anderen herumkommandieren darf, dabei ist er nur der oberste Hausdiener. Balthazar, Althazar und Thazar sind die Herren, und er muss tun, was sie sagen. – Das ist meine Art, mich durchzumogeln. Zar schummelt immer ein bisschen, aber er macht es sehr geschickt!«

Zar war das Abbild eines dicken, eingebildeten Menschen, der ständig katzbuckelt. Wie ein König Tunichts[3] ließ er sich von einem Ochsenkarren ziehen, und sein Wagen war angefüllt mit einem Sammelsurium unterschiedlichster Sachen, wie kleine Jungen sie in ihren Hosentaschen mit sich tragen: Messer, Bindfäden, kaputte Feuerzeuge, Leder- und Stoffreste.

»Hier kommt der Vorletzte«, sagte mir mein Kleiner. »Das ist Ar, der große Küchenchef. Er ist ein Meister der Haute Cuisine, versteht sich. – Das ist meine Naschhaftigkeit und Unersättlichkeit. Guck, wie schön er ist und wie elegant er da sitzt auf seinem Eselskarren zwischen all den Töpfen und Pfannen! Er hat viel zu tun. Essen und Trinken hält Leib und Seele zusammen, sagt man doch. Ar ist ein Künstler.[4]

»Junge, Junge«, sagte ich, »da haben wir ja schon eine ganze Karawane: Balthazar, Althazar, Thazar, Azar, Zar und Ar. Das würde Jesus ja Freude machen: Stolz, Herrschsucht, Geiz, Phantasterei, Mogelei und Unersättlichkeit – was für ein Geschenk!«

---

3 Eginhard, der Biograf Karls des Großen, nannte die fränkischen Könige der Merowingerzeit »rois fainéants«, woraus ein geflügeltes Wort wurde: Ein fauler Mensch ist auf Französisch ein »König Tunichts« (Anmerkung der Übersetzerin).

4 Trocmé spielt hier mit »Ar«, das gleichlautend ist mit »art« (Kunst) und die erste Silbe von »artiste« (Künstler).

»Nein, nein«, unterbrach mich mein Sohn, »da ist noch einer… Er ist nicht so schön wie die anderen«, fügte er kleinlaut hinzu, »ich zeig ihn deshalb nicht gern, dabei ist er eigentlich sehr freundlich.«

Er zog aus seinem Herzen einen armen kleinen Wanderer. Schlecht genährt sah er aus, und gekleidet war er mit einem ärmlichen Umhang. Er saß nicht auf einem Kamel, lenkte keinen Streitwagen, ritt auch kein Pferd, wurde nicht auf einer Sänfte getragen noch im Ochsenkarren gezogen. Er war zu Fuß unterwegs und zog hinter sich an einem Strick… nichts als eine Ziege.

»Wer ist das?«

»Das ist R. Ja, nichts als R, der Letzte im Gefolge. R bedeutet Rien.[5] Er hat nichts, er ist nichts, er ist so bescheiden, dass man ihn fast nicht sieht. Er ist der Letzte von allen, der Diener, das Schlusslicht. Deshalb bemerkt ihn niemand, wenn die Karawane vorüberzieht.«

Wenn die Karawane vorüberzieht… Wenn die Karawane vorüberzieht…

Vor meinen Augen setzte sich die Karawane in Bewegung. Und plötzlich wusste ich, was ich da sah: Es war das Gefolge eines der heiligen drei Könige, der aus dem Orient kam, um Jesus anzubeten:

Balthazar, der König, auf seinem Kamel,

---

5 »rien« (französisch) – »nichts« (deutsch).

Althazar, der Chef der königlichen Wache, auf seinem Streitwagen,

Thazar, der große Schatzmeister, auf seinem Pferd, die Satteltaschen beladen mit Gold, Weihrauch und Myrrhe,

Azar, der große Zauberer, der mit seinem Sextanten den Lauf der Sterne zu beeinflussen suchte, auf seiner Sänfte,

Zar, der oberste Hausdiener, auf seinem Ochsenkarren und

Ar, der Küchenchef, auf dem Eselskarren.

Und schließlich *R,* der Diener, der seine Ziege hinter sich herzog, erschöpft vom Fußmarsch durch die Wüsten des Orients.

Sie zogen vorbei und liefen immer weiter und weiter durch den Sand, und mein kleiner Junge und ich, wir folgten ihnen. Ganz ohne Mühe folgten wir ihnen, denn wir hatten keinen Körper mehr: keine Beine, um zu laufen, keine Münder, um zu sprechen – wir waren nur noch Auge und Ohr. Und das war es, was wir sahen und hörten:

Angeführt von Azar erreichten Balthazar und sein Gefolge Bethlehem.

»Hier ist es nicht. Es muss noch ein Stück weiter sein«, sagte Azar.

»Das ist jedenfalls keine Bleibe für einen König. Könige wie ich leben in Palästen«, bemerkte Balthazar.

»Wo sind denn die Wachen, die den Prinzen beschützen? Ich sehe keine«, sagte Althazar.

»Das ist hier alles zu ärmlich. Das kann es nicht sein«, schloss Thazar.

»Ich hatte mir das ganz anders vorgestellt... viel besser, viel schöner...«, phantasierte Azar.

»Einem Herrn, der nur ein armer Tropf ist, werde ich nicht dienen«, verkündete Zar.

»Hier wird es sicher nichts Ordentliches zu essen geben. Das ist alles ein Irrtum«, sagte Ar.

Alle zogen sie auf der Suche nach etwas Besserem am Stall vorbei. Nur R nicht. Er sah den Lichtstrahl, der unten an der Tür nach draußen drang, öffnete die Tür und stand vor dem Jesuskind. Und er begriff, dass er den Messias gefunden hatte. Voller Staunen blieb er auf der Schwelle stehen, so lange, dass die anderen sich schon längst entfernt hatten, bis R es wagte, einen Schritt in die Hütte hinein zu machen, um das Kind anzubeten. Doch da erinnerte er sich, dass er Nichts war, nichts als ein armer Diener, der Letzte aus dem Gefolge. Nicht ihm stand es zu, den neugeborenen König anzubeten, sondern seinem Herrn, dem König. Plötzlich kopflos geworden, rannte er mit seiner Ziege in die Nacht hinein, der Karawane hinterher.

Die war schon ein ganzes Stück vorangekommen, aber jetzt herrschte Verwirrung. Azar war klargeworden, dass sie sich verirrt hatten. Der Stern leuchtete nicht mehr über ihnen. Balthazar war drauf und dran, sich im Zorn zu vergessen, als R Ar erreichte: »Umkehren! Wir müssen umkehren!«, rief er. »Es ist da unten, hinter uns, kommt zurück!«

Ar informierte Zar über diese Nachricht, der sie an Azar weiterleitete, der sie Thazar kundtat, der sie Althazar weitersagte, der Balthazar Bericht erstattete: »R behauptet, wir müssten umkehren.«

»Kann denn von R Gutes kommen?«, grummelte Balthazar. Dennoch gab er den Befehl zur Umkehr.

Weil der Weg aber sehr schmal war, musste jeder dort, wo er stand, auf der Stelle umkehren, so dass der Erste der Letzte wurde und der Letzte der Erste. R mit seiner Ziege stand vorne, hinter ihm kam Ar mit seinem Eselskarren, danach Zar mit dem Ochsengespann, Azar auf der Sänfte, Thazar zu Pferde, Althazar mit dem Streitwagen und Balthazar auf dem Kamel. Das gab ein seltsames neues Wort:

Razahtlab!

Und mit diesem Namen stellte sich R auch vor, als er zusammen mit seiner Ziege am Kopf des Zuges den Stall von Bethlehem erreichte. Das heißt: So wollte er sich vorstellen, denn schon gab es neues Durcheinander: Balthazar wollte als Erster den Stall betreten und schubste R zur Seite. Es entstand ein Wirrwarr von Menschen und Tieren – Ar, Zar, Azar, Thazar, Althazar, Balthazar, Sklaven, Kamel, Pferde, Ochsen, Esel, Ziege, Streitwagen, Ochsenkarre, Eselskarre, Sänfte – eine einzige große Konfusion mitten in der Nacht. Ein neues Wort gab das nicht, jedenfalls keins, das ein Mensch aussprechen kann, ohne sich die Zunge zu verknoten.

Als endlich alle wieder in der gewohnten Ordnung Aufstellung genommen hatten, brüllte Balthazar, der vorne an der noch geschlossenen Tür stand, plötzlich: »Diese Tür ist ja viel zu niedrig für einen stolzen König wie mich! Ich will hier auf meinen Kamel einreiten, wie es das Protokoll vorsieht. Geh du vor, Althazar!«

Althazar ging vor, pochte an die Tür und rief: »Im Namen des Königs: Machen Sie auf!«

Doch als niemand seiner Aufforderung folgte, sagte er: »Geh du vor, Thazar!«

Thazar stieg von seinem Pferd ab und spähte durch einen Spalt in den Stall: »Die Leute sehen mir verdächtig aus. Sie sind nicht nur arm, sie sind vermutlich auch Räuber, die es auf meine Schätze abgesehen haben. Ich wäre schön dumm, da hineinzugehen. Geh du vor, Azar!«

Azar stieg von seiner Sänfte und machte sich daran, mithilfe seines Sextanten noch einmal ausführlich die Position des Sterns zu überprüfen.

»Doch, hier ist es richtig«, stellte er dann fest und öffnete die Tür – um sie gleich wieder zu schließen.

»Puuh! Da drinnen stinkt es! Der Boden ist dreckig, ein richtiger Stall! Geh du vor, Zar, ich komme dann nach!«

»Oui, Monsieur«, antwortete Zar und verbeugte sich tief. Da er jedoch niemals selbst einen Finger krümmte, sagte er sogleich: »Geh du vor, Ar, und mach schon mal sauber! Ich komme dann.«

Ar war beleidigt, dass man ihn, den Künstler, für das Zimmermädchen hielt. Oder hatten etwa ein Küchenchef und ein Stallknecht irgendetwas gemeinsam?

»Geh vor!«, herrschte er R an. »Geh schon, du Nichts! Nichtsnutz, es nutzt nichts: Du machst die Drecksarbeit!«

Und so kam es, dass schließlich doch R als Erster den Stall von Bethlehem betrat, mit seiner Ziege, versteht sich. Im Nu hatte er um einen Besen gebeten, den Boden gefegt, den Mist herausgetragen, die Spinnweben beseitigt, alles einmal nass gewischt, frisches Stroh ausgestreut, Feuer gemacht, Ar um einen Topf gebeten, seine Ziege gemolken, die Milch für das Kind und die Mutter zum Kochen gebracht, einen Tisch aufgestellt, einen von Zars Stoffen als Teppich darunter gelegt, ein gesticktes Deckchen darüber, Thazars Satteltaschen mit den Schätzen hineingetragen und so alles für die feierliche Zeremonie vorbereitet.

Draußen in der Kälte traten derweil sechs hochgestellte Persönlichkeiten von einem Bein auf das andere und schimpften ungeduldig auf den unfähigen R, der so viel Zeit brauchte, um ein paar Kleinigkeiten vorzubereiten.

Schließlich – die Morgendämmerung zog schon herauf – war der Stall fertig, und Balthazar bemüßigte sich, von seinem Kamel herabzusteigen, um dem Messias die Ehre zu erweisen. Ihm folgten Althazar, Thazar, Azar, Zar und Ar.

Balthazar hatte eine schöne Rede vorbereitet, und er holte gerade Luft, um anzufangen, als die Mutter von Jesus ihn mit einem Handzeichen unterbrach:

»Vielen Dank«, sagte sie, »aber die Zeremonie ist schon beendet. Mein Sohn mag keine Reden, ihm kommt es auf die Praxis an. Was er will, ist

Demut statt Stolz,
Sanftheit statt Gewalt,
Großzügigkeit statt heuchlerischer Almosen,
Phantasie statt Trägheit,
Hilfe statt Unterwürfigkeit,
Güte statt Unersättlichkeit.

Was hier getan werden musste, ist schon getan. Die Geschenke sind da, wir haben sie schon empfangen: Dieser Mann«, sie zeigte auf R, der in einer Ecke des Stalls kniete, »dieser Mann hat alles für uns getan, was wir brauchten. Was wollen Sie da noch tun? R ist kein Diener mehr, er ist der Freund meines Sohnes, denn die Ersten werden die Letzten sein, und die Letzten werden die Ersten sein.«

Wir wachten auf, mein kleiner Sohn und ich, im großen Sessel, wie verzaubert und erstarrt. Es fröstelte uns, denn das Holzscheit im Kamin war verbrannt und das Feuer erloschen.

»Ja ... Und was willst du jetzt tun?«, fragte ich meinen Sohn leise.

»Das ist doch klar! Und ich hab's schon getan«, antwortete er mir mit einem breiten Grinsen und streckte seine Glieder. »Als die Karawane von Bethlehem wieder

zurückzog, ging R an der Spitze, so wie Maria es gesagt hatte. Da hab ich ihn schnell geschnappt und in meinem Herzen eingeschlossen, ehe die anderen ankamen. Die stehen jetzt draußen und beschweren sich. Aber ich hör gar nicht hin!«

»Das hast du gut gemacht«, antwortete ich ihm. »Komm, lass uns zu Bett gehen, morgen ist Weihnachten.«

* * *

... und das Hörbuch dazu

Von Engeln und Eseln

Geschichten zu Weihnachten
gelesen von Philipp Schepmann

1 Audio-CD im Jewelcase,
ca. 70 Minuten, mit Booklet (16 S.)
ISBN 978-3-86256-003-5
Best.-Nr. 588.763

Vier Erzählungen aus dem Buch „Von Engeln und Eseln", die Werte zum Leben erwecken und die man nicht vergisst: wie die unfreiwillige Gastfreundschaft einer einzigen Frau ein ganzes Dorf verwandelte; wie Nikodemus fand, was er suchte, als er sein Hab und Gut großzügig verschenkte, und warum die Esel einen Geist des Widerspruchs haben.

Philipp Schepmann, Jahrgang 1966, Schauspielstudium an der Folkwang-Hochschule Essen. Freier Schauspieler, Sprecher, Regisseur und Produzent. Hörspiel- und/ oder Hörbuchproduktionen für verschiedene Sender und Verlage.

NEUFELD VERLAG

www.neufeld-verlag.de